BEI GRIN MACHT SICH IHR WISSEN BEZAHLT

AF152012

- Wir veröffentlichen Ihre Hausarbeit,
  Bachelor- und Masterarbeit

- Ihr eigenes eBook und Buch -
  weltweit in allen wichtigen Shops

- Verdienen Sie an jedem Verkauf

Jetzt bei www.GRIN.com hochladen und kostenlos publizieren

Christine Konkel

Demographischer Wandel, Migration und Integration

Masterprüfung Soziologie (Prüfungsvorbereitung für die mündliche Prüfung)

GRIN Verlag

Bibliografische Information der Deutschen Nationalbibliothek:

Die Deutsche Bibliothek verzeichnet diese Publikation in der Deutschen National-
bibliografie; detaillierte bibliografische Daten sind im Internet über http://dnb.d-
nb.de/ abrufbar.

Impressum:

Copyright © 2011 GRIN Verlag GmbH
Druck und Bindung: Books on Demand GmbH, Norderstedt Germany
ISBN: 978-3-656-71048-6

Dieses Buch bei GRIN:

http://www.grin.com/de/e-book/277876/demographischer-wandel-migration-und-
integration

GRIN - Your knowledge has value

Der GRIN Verlag publiziert seit 1998 wissenschaftliche Arbeiten von Studenten, Hochschullehrern und anderen Akademikern als eBook und gedrucktes Buch. Die Verlagswebsite www.grin.com ist die ideale Plattform zur Veröffentlichung von Hausarbeiten, Abschlussarbeiten, wissenschaftlichen Aufsätzen, Dissertationen und Fachbüchern.

Besuchen Sie uns im Internet:

http://www.grin.com/

http://www.facebook.com/grincom

http://www.twitter.com/grin_com

Masterprüfung Soziologie

1) Demographischer Wandel: Chancen, Probleme und Risiken der alternden Gesellschaft

Theorie des Geburtenrückgangs/Definitionen

Chancen, Probleme etc.

Lösungsmöglichkeiten, Projekte, Fallstudien

Hermann Korte/Bernhard Schäfers Bevölkerungssoziologie

- die wissenschaftliche Untersuchung von Bevölkerungsproblemen spielt in der BRD eher eine untergeordnete Rolle, ein Grund ist die nationalsozialistische Vergangenheit (S.76)
- Johann Peter Süßmilch (1707-1767) war ein früher Bevölkerungswissenschaftler und nutzte Statistiken über Geburten, Hochzeiten und den Tod, um nachzuweisen, dass nicht zufällig geboren und gestorben wird (S.77)
- Thomas Robertus Malthus (1766-1834): "Das Bevölkerungsgesetzt" (Buch von ihm): Der Versuch ein allgemeines wissenschaftliches Gesetz zum Wachstum der Bevölkerung zu formulieren, er wollte mit Rechenbeispielen nachweisen, dass sich die Zahl der Bevölkerung in 25 Jahren um die Hälfte steigert, da sich aber die vorhandene Nahrung nicht in dem Maße ausbreitet, suchte Malthus nach Formen um dem entgegenzuwirken und fand Seuchen, Krankheiten und das Zölibat als Erklärungen (S.77-78)
- John Stuart Mill (1806-1873) war der Meinung die Geburtenregelung sei eine individuelle Entscheidung und propagierte Verhütungsmittel, die hatte Malthus noch abgelehnt (S.78)
- Gerhard Mackenroth (1903-1955): Demographischer Übergang: die Geburtenzahl passt sich an die Sterbeziffer an: ab 1750 langsames, dann schnelleres Absinken der Sterbeziffer bei gleicher Geburtenzahl, ab 1860 Anstieg der Geburtenziffer bei Absinken der Sterbeziffer, ab 1875 nimmt die Geburtenziffer kontinuierlich ab, während die Sterbeziffer weiter sinkt, ab 1930 relative Konstanz (S.79)

- Nicht nur eine individuelle Sache, ob Menschen früher sterben, sondern auch Ausdruck bestimmter Vorsorgesysteme, wie dem Gesundheitsystem (S.80)

- in Deutschland: zwischen 1949 und 1961 Anstieg um 6 Mio. Menschen, ab 1961 kaum Zuwanderung aus dem Osten mehr, Anwerbung ausländischer Arbeitnehmer und Babyboom, Anwerbestopp 1973, Gastarbeiter holten Familien nach (7% Ausländer Ende der 80er), Sterbeziffer in den 70ern geringe Schwankungen (S.81)

- DDR: Bevölkerung nahm von 18,5 auf 16,5 % ab, nur 1,1% Ausländer (S.82)

- Debatte um das Absinken der Geburtenziffer: Def. Geburtenziffer: Anzahl der lebend Geborenen, bezogen auf 1 Jahr in 1000. 1952: BRD 16,2, 1963: 18,3, 1975: 9,7

"Pillenknick": Schäfers und Korte sagen: der Geburtenrückgang setzte schon früher ein, 1970 nahmen erst 20% der gebärfähigen Frauen die Pille (S.83)

Es gab im Nachkriegsdeutschland eine hohe Zahl von kleinen Wohnungen, die die Familien dazu veranlasste nur ein oder zwei Kinder zu haben (S.83)

Die Betonung vom Segen vieler Kinder, wird fast immer mit dem Nationalsozialismus in Zusammenhang gebracht (S.83)

- Norbert Elias (1897-1990): betont die Notwendigkeit langfristiger Untersuchungen, nicht nur "Trends", sondern langfristige Beobachtungen (S.84)

- Eine soziologische Erklärung zum Geburtenrückgang: 60er Jahre: beginnender Wohlstand, fortschreitende Technisierung, gesteigerter Bedarf an gut ausgebildeten Arbeitskräften, Öffnung der Bildungseinrichtungen, auch viele Frauen mit höherem Schulabschluss und Studium, jedoch sinkt erstmal das Heiratsalter, Oswalt Kolle –> öffentliche Diskussion über Geburtenregelung (S.85)

These zum Geburtenrückgang. Die Geburtenziffer sinkt dann, wenn nach einer Phase des ökonomischen Aufschwungs mit individuellen Aufstiegsmöglichkeiten eine Phase wirtschaftlicher Stagnation oder Depression zur Verteidigung erreichter sozialer Positionen zwingt, Bestätigung am Beispiel England, zw. 1850 und 1870 war das der Fall (S.85), in der BRD ab 1970: steigendes Einkommen, hohe Inflationsrate, hohe Arbeitslosenquote, Kampf um Arbeitsplätze, Geburtenziffer sank (S.86)

- Neue Bundesländer: Demographischer Zusammenbruch: 1989: 200.000 Geburten, 1990: 175.000, 1991: 107.000, 1992: 80.000, keine staatliche Kinderbetreuung mehr etc., dies erhärtet die These, dass die Aussicht auf ökonomischen Aufstieg zur in wirtschaftlich schwierigen Zeiten zum Rückgang der Geburtenziffer beiträgt (S.86,87)

- Notwendigkeit der Debatte einer Sterbeziffer: DDR hatten die Menschen aufgrund schlechterer Ernährung und gesundheitsschädigender Arbeitsbedingungen eine um drei Jahre verminderte Lebenserwartung (S.87)

- Kingsley Davis: "Death control", d.h. Kontrolle der Todesursachen, zu diesem Thema gibt es in Europa so gut wie keine Forschungsergebnisse (S.88)

- Debatte der Wanderungen: 1949-1961: kamen 6,2 Mio Menschen in die BRD, hauptsächlich Übersiedler aus der "sowjetisch besetzten Zone", Mitte der 70er 4 Mio Menschen an Zuwanderungsgewinn, zwischen 1949 und 1989 einen jahresdurchschnittlichen Wanderungsgewinn von 280.000 (S.89)

- Arbeitsmigration vs. Fluchtmigration: Push- und Pullfaktoren: Pullfaktor: Aussicht auf Arbeit in einem anderen Land: Pushfaktor, schlechte Lebensbedingungen im Heimatland, bei der Fluchtmigration überwiegen die Push- die Pullfaktoren, Sonderform der Migranten: Aussiedler (S.89/90)

- Hans-Joachim Hoffmann-Notwotny: These der Unterschichtung, Einheimische nutzen die Anwesenheit von Migranten um sich als sozial höher gestellte anzusehen, mit der Zeit kommt es zur Integration der Ausländer wie z.B. im klassischen Einwanderungsland USA oder zu ethnischen Segmentierung wie in der BRD in den 70er und 80er Jahren (S.90/91)

- Norbert Elias: Etablierten-Außenseiter-Theorie: stellt die Machtunterschiede zwischen den Menschen in den Mittelpunkt, Zuwanderer sind eine machtunterlegene Außenseitergruppe mit besonderen Schwierigkeiten hinsichtlich ihres Rechtsstatus' und oft auch der Sprache, Etablierten-Außenseiter-Figuration: die etablierte Gruppe versucht ihre Position zu halten, während die Außenseiter ihre Stellung den Etablierten anpassen wollen, da der Zugang zu den Machtpositionen Vorteile vielfältigster natur mit sich bringt (S.91), Situationen haben sich geändert, Länder, aus denen BRD Gastarbeiter bezog, sind selbst Immigrationsländer geworden, in die Menschen aus noch ärmeren Ländern einwandern, nur 5% der weltweit auf der Flucht befindlichen Menschen, kommen nach Europa, Das Gefälle zwischen Etablierten und Außenseitern sind die Hauptursache für Wanderungen (S.92)

3

- die Weltbevölkerung soll sich bis 2025 verdoppeln, während sie zwischen 1950 und 1988 von 2,5 auf 5,2 Milliarden Menschen angestiegen ist (Buch ist von 1997) (S.93)
- es wird in der BRD mehr alte Menschen geben und mehr sehr alte Menschen (S.93)

Strohmeier: Demographischer Wandel im Ruhrgebiet
- 1965-1975 fast Halbierung der Geburtenzahl, seit 1970er Jahren sterben in der BRD mehr Menschen als geboren werden, seit 1965 steigt die Zahl der kinderlosen Frauen, Ruhrgebiet wird bis 2015 mehr als 314.000 Einwohner verlieren (7% der Bevölkerung) (S.1).
- Aufgrund von Flüchtlingswanderungen nach 1987 vorübergehend wanderungsbedingtes Bevölkerungswachstum (S.2)
- Anstieg des Ausländeranteils von 10% Anfang der 90er auf über 40% 2010 –> demographische Herausforderung der sozialen Sicherungssysteme (S.3)
- Ruhrgebiet: in Essen oder Dortmund gibt es deutliches Nord-Süd-Gefälle hinsichtlich der sozialen und demographischen Merkmale der Stadtteile (S.3)
- Fortlaufende Segregation (Entmischung) der Bevölkerung, Arm und Reich, Jung und Alt, eingesessen und zugewandert rücken immer mehr auseinander (S.4)
- Essen von 720.000 Einwohnern 1970 auf 600.000 heute, weniger Familien in den Städten, in Stadtkernen oft junge Alleinlebende und Ausländer (S.4)
- negative Bevölkerungsbilanz z.B. in Essen und GE, nur 11.7 % aus Essen und 5,2 % aus GE in den KVR (S.6) bei den Fortzügen aus Essen und GE zeigt sich ein deutlicher Überschuss der unter 18-Jährigen (S.9)
- In der BRD wird in der Politik meist nicht auf die lokale Ebene geschaut (S.57)
- Innerhalb des Ruhrgebiets gibt es trotz Schrumpfen auch wachsende Gebiete (S.57)
- seit den 70ern ein drastischer Rückgang der Bevölkerung der kreisfreien Städte (S.57)
- in der schrumpfenden Stadtgesellschaft ist Bevölkerungswachstun das Ergebnis von Zuwanderung aus dem Ausland. Im Umland des Ruhrgebiets dagegen gibt es Wanderungsgewinne und Geburtenüberschüsse der deutschen Bevölkerung (S.57)

- die Ausländer im Ruhrgebiet leben kleinräumig verdichtet dort, wo auch die armen "Inländer" leben (S.58)

- NRW-Programm: Stadtteile mit besonderem Erneuerungsbedarf: 31 Projekte: Oberziel: städtebauliche, wirtschaftliche und soziale "Erneuerung" benachteiligter Stadtteile, u.a. Teilziele: städtebauliche Erneuerung, Verbesserung des Wohnungsbestandes und der Wohnumfeldqualität, Erhalt und Förderung von Bildungseinrichtungen, Förderung des kulturellen Miteinanders Kriminalitätsprävention..... (S.58), wichtig: Aktivierung der Bewohner zur Mitgestaltung, Teilerfolge in Hamm und Recklinghausen durch grundlegende Verwaltungsumstrukturierung mehr Bürgernähe zu erreichen (S.59)

- in 190 Stadtteilen Erneuerungsbedarf, tatsächlich gibt es im Ruhrgebiet nur 16 ausgewiesene Programmgebiete (S.59)

- kein Stadtteilprojekt kann die Arbeitsplatzverluste im norden des Ruhrgebiets ausgleichen, dennoch ist ökonomische Förderung ei Ziel (S.60)

- in den Armenvierteln wächst der Großteil der nachwachsenden Generationen heran, Kinder zu haben ist eine Lebensform der Unterprivilegierten und Einwanderer in BRD geworden (S.61)

- "desaströse Einwanderungspolitik" (S.61)

- die meisten Benachteiligungen erleiden Kinder mit Migrationshintergrund (S.62)

- Def. Integration: Bei den unter 40-Jährigen gibt es in deutschen Großstädten bald eine Mehrheitsgesellschaft der Zuwanderer. Wie integriert man sich als Deutscher? Integration bedeutet, dass alle gleichen Zugang zu Eintrittkarten in Wirtschaft, Politik und Gesellschaft haben (S.62)

- Armutsviertel des Ruhrgebiets brauchen besser ausgestattete Schulen, müssen Orte für Schüler und Familien sein, soziale Netzwerke (S.63)

- Stadtteilschulen: Evangelische Gesamtschule in GE-Bismarck, kooperiert u.a. mit FC Schalke (S.64)

- Erfahrungsschulen: Kinder erzählen dem Lehrer, was sie am Wochenende mit ihren Eltern gemacht haben (junge Mittelschichtgebiete), Kinder aus Armutsvierteln erzählen was sie im Fernsehen gesehen haben, Hertener Schule von 45 Minuten zu 90 Minuten Rhythmus (S.64)

- Erziehungs- und Familienschulen: Modellfamilie gibt es in Armutsvierteln nicht: broken home: alleinerziehende Mütter etc., Gesamtschule Bismarck daher ein Tandem auch Klassenlehrer und Klassenlehrerin um den Kindern verlässliche Beziehungen zu Erwachsenen zu ermöglichen (S.65)
- Emscherpark: Teil des Stadtteilprojekts GE-Bismarck, SchalkeNord, kaum Vandalismusschäden, kaum Schuleschwänzen, Schule auf Industriebrache in ökologischer Holzbauweise gebaut, auch außerhalb der Unterrichtszeiten halten sich die meist muslimischen Schüler gerne dort auf, Schule gibt es seit 1998, Grund für gute Annahme, Schüler bauen ihre Schule selbst, in der 5. Klasse bauen sie unter Anleitung selbst ein Klassenhaus, Unterhaltungskosten im Übrigen günstiger als an konventionellen Schule (S.65/66)

Rolf Heinze/Gerhard Naegele: Demographischer Wandel in Deutschland: Herausforderung und Chance
- Problem: Das "Reproduktionsniveau" (Kaufmann) ist zu stark abgesunken, so dass für den Aufbau des Humanvermögens der jüngeren Generation zu wenig getan wird, der "Unterjüngung" (Lehr) muss entgegen gewirkt werden (S.19)
- vom Kollektiven Altern ist besonders das Ruhrgebiet betroffen, schon heute ist es ein Laboratorium, denn diese demographische Situation wird es bald in ganz Deutschland geben (S.19)
- Bürgerliches Engagement: produktive Leistungen von älteren Menschen (S.19), durch bürgerliches Engagement werden ältere Menschen zufriedener und verbessern ihren Gesundheitszustand (S.20)
- zwei Mega-Trends in der BRD: konstant niedriege Geburtenraten mit wachsender Kinderlosigkeit und Rückgang der Gesamtbevölkerung, insbesondere nach 2025 und 2030 (S.20)
- dreifaches Altern: Zunahme der absolut älteren Menschen, ihres Anteils an der Gesamtbevölkerung und die überdurchschnittliche Zunahme des Phänomens der Hochaltrigkeit (S.21)
- Gegenwärtig liegt die Geburtenziffer pro Frau bei 1,35, d.h. jede Elterngeneration wird nur etwa zu zwei/dritteln ersetzt (S.21), bei den jetzigen Jahrgängen im geburtsfähigen Alter werden 40% kinderlos bleiben (S.21)

- Zahl der über 80-Jährigen wird von knapp 4 Mio heute auf 10 Mio 2050 ansteigen, Steigerung von 4% der Gesamtbevölkerung auf 12% (S.22)
- Ruhrgebiet schon heute der rentnerreichste Raum Deutschlands (S.23)
- Vorteil demographischer Prozesse: sie sind vorhersehbar und können genutzt werden, z.B für neue Arbeitsplätze (in der Gesundheitsbranche (S.24)
- geforderte gesellschaftspolitische und wirtschaftspolitische Zielsetzungen: Schaffung von Rahmenbedingungen um jungen Menschen ein gemeinsames Leben mit Kindern zu ermöglichen (Kinderbetreuung in Betriebskindergärten o.ä.), Steigerung der Attraktivität der Städte für junge Familien, Ausweitung der Dienste und Hilfe für sog. Problemgruppen, Ausweitung der Bemühungen um Ausländerintegration, verstärkte Bildungsanstrengungen für junge Migranten (S.24/25)
- weitere Forderungen: Förderung der Beschäftigungsfähigkeit älterer Arbeitnehmer, Erkennen und Nutzen der gewachsenen Potentiale älterer Menschen, Absicherung der häuslichen Pflege und Betreuung, Förderung der "Wirtschaftskraft Alter", Wachstumsfeld "Technik und selbstständige Lebensführung", z.B. um die Eigenständigkeit im Alter zu verbessern

Gerhard Naegele: Demographischer Wandel und demographisches Altern in Deutschland: Probleme, Chancen, Perspektiven
- Def. Demographischer Wandel: Damit sind im Allgemeinen strukturelle Veränderungen in der Bevölkerung u.a. hinsichtlich der Einwohnerzahl, der Besetzung der Altersgruppen sowie der ethnisch-kulturellen Zusammensetzung gemeint. (S.33)
- sinkende Geburtenraten: Geburtenziffer pro Frau bei 1,4, knapp vor Italien und Spanien (S.34)
- dreifaches Problem: 1. Die geistigen Eliten reproduzieren sich weniger als die anderen, 2. Es ist schwer Beruf, Ausbildung und Familie für die geistigen Eliten unter einen Hut zu bekommen, 3. Immer weniger Männer sind für immer mehr Frauen unqualifiziert für die Vaterrolle (S.35)
- "schwerwiegende Fehler in der Familienpolitik" (S.35)

7

- Auch die Migration kann die Entwicklung, dass es immer mehr ältere und immer weniger junge Menschen gibt, nicht stoppen (S.35)
- Feminisierung im Alter (S.36)
- von 7,5 Mio Ausländern sind 2 Mio Türken, das sind 28% (S.37)
- betrachtet man NRW und das Ruhrgebiet, dann fällt auf, dass verglichen mit dem Bundesdurchschnitt: das Schrumpfen der Bevölkerung früher einsetzt und stärker erfolgt, die Geburtenraten stärker sinken, das "dreifache Altern" der Bevölkerung früher und stärker ausgeprägt stattfindet, mehr (ältere) Menschen mit Migrationsgeschichte leben (werden) und die "Entberuflichung des Alters" früher und stärker ausgeprägt ist (S.38)
- bis 2025 ein Bevölkerungsrückgang in NRW von 18 Mio auf 17,6 Mio (S.38)
- ohnehin leben Im Ruhrgebiet schon überdurchschnittlich viele Menschen über 60, die meisten Alten (60plus) und Hochaltrigen (80plus) leben in Mülheim, die wenigsten Kinder in Bochum (S.39/40)
- vorläufiges Fazit: so regional uneinheitlich, wie sich das demographische Altern der Bevölkerung bzw. die demographische Gesamtsituation in NRW darstellt, so wenig kann auch eine (regional) einheitliche Strategie zur Lösung der aus ihnen erwachsenen Aufgaben konzipiert werden, im Ruhrgebiet werden die demographischen Prozesse zudem noch von problematischen sozialstrukturellen Problemen überlagert (u.a. hohe Arbeitslosigkeit, viele Menschen mit Migrationshintergrund) (S.41)
- Chancen des Wandels: notwendige Reformen in wichtigen Feldern können angestoßen werden, in der "alten Gesellschaft" liegen Potentiale, die es zu nutzen gilt, in der kommunalen Sozialpolitik sollte eine "Demographieorientierung" stattfinden (S.43)
- es braucht: Maßnahmen, die die Rahmenbedingungen für ein Leben mit Kindern schaffen, die eine lange, kontinuierliche, berufliche Karriere beider Partner ist, die bessere Ausländerintegration ermöglichen (S.44/45)
- Alterssicherungspolitik: Anhebung der Altersgrenzen auf dem Arbeitsmarkt bringt nur den Menschen etwas, die tatsächlich echte Beschäftigungsvoraussetzungen haben, Erweiterung der Arbeitslosenversicherung zu einer Beschäftigungsversicherung (S.45/46)

- Ältere-Arbeitnehmer-Politik: Beschäftigungsförderung älterer Menschen, Anpassung von Arbeitsbedingungen etc. (S.47)

- Gesundheits- und Pflegepolitik: mehr Anreize für Gesundheitsförderung und Prävention (S.47)

- Förderung des zivilgesellschaftlichen Engagements älterer Menschen: Ausschöpfung des Potentials von Freiwilligenarbeit, Uni Dortmund mit Weiterbildungsstudiengang für Senioren, mehrere Förderungsstrategien: individuumsbezogen (Selbstverwirklichungsinteressen), Kooperationsbezogen (bessere Zusammenarbeit von haupt- und nebenamtlichen), gemeinwesenbezogen (Seniorenbüros als zentrale Beratungsstellen), gesellschaftsbezogen (gesellschaftliche Rahmenbedingungen) (S.48/49)

- Förderung von Altenbildung und "lebenslangem Lernen": Erwachsenenbildung (S.49)

- Förderung der "Wirtschaftskraft Alter": "silver market" –> hohe Wirtschaftskraft Älterer –> neue Arbeitsplätze möglich in Pflege- und Gesundheitsbranche, Wohnungswirtschaft etc., Seniorenwirtschaft, wichtig: Berücksichtigung der Konsumbedürfnisse älterer Menschen, seniorenorientiertes Design (z.B. Telefone mit großen Tasten) (S.50/51)

- Fazit: In Deutschland besteht ein erheblicher Nachholbedarf im Bezug auf Perspektiven vom Altern der Gesellschaft. (S.55)

Norek/Strohmeier: Zur sozialen Lage von jungen und alten Migranten im Ruhrgebiet

- in BRD: 15,1 Mio. Menschen mit Migrationshintergrund (18,4% der Bevölkerung), doch die Zahl der Einwanderungen nimmt ab, Merkel will ein positiveres Image für die BRD als Einwanderungsland, die Zahl der Migranten stieg vor allem aufgrund von Geburten der Migranten (S.80)

- knapp 96% der Migranten leben in den Stadtstaaten, Baden-Württemberg, NRW und Hessen, neue Bundesländer nur ein Anteil von 5% (S.81)

- Ruhrgebiet mit Vorreiterrolle: es sind Kommunen mit Problemstellungen konfrontiert, die anderorts erst in ein paar Jahrzehnten auftauchen (S.81)

9

- Herausforderung des Ruhgebiets durch Zusammenwirken folgender Kräfte:

Schrumpfen der Städte, Bevölkerungsrückgang, mehrheitlich Migrationshintergrund

bei Kindern und jungen Erwachsenen in den Städten nach 2015, zunehmende

"Korrelation" ethnischer, demographischer und sozialer Segregation (S.82)

- in den Kernstädten ist der Anteil der Kinder und Jugendlichen in den letzten 30

Jahren gesunken, in Duisburg, GE und Dortmund z.b um bis zu 40%, diese Städte

zeigen zugleich auch die höchsten Anteile von Kindern mit Migrationshintergrund auf

(S.83)

- ohne Zuwanderung wäre das Ruhrgebiet mit weitaus größeren

Wanderungsverlusten und Geburtsdefiziten konfrontiert (S.84)

- zwei von drei Haushalten mit deutschen Haushaltsvorstand keine Kinder (S.84)

- die Stadtteile, in denen die meisten Zugewanderten leben zeichnen sich durch

hohe Armutsquoten und hohe Gewaltkriminalität aus (S.85)

- Ethnische Segregation kann im Ruhrgebiet als Indikator für benachteiligte Gebiete

und hohen Familienanteil gedeutet werden (S.85)

- GE: hoher Ausländeranteil im Süden, weniger segregierter Norden (S.85)

- in GE-Schalke jedes dritte Kind von Sozialhilfe abhängig (S.86)

- auch hohe Armutsquoten unter den über 60-jährigen Migranten (S.86)

- Merkmalsprofil der Armen: überdurchschnittliche Kinderzahl,

unterdurchschnittlicher Bildungsstatus der Eltern (S.86)

- Bildungsarmut und materielle Armut hängen zusammen: gemessen an

Übergangsquoten von Grundschule zu weiterführenden Schulen, z.B. in Herne

wechseln weniger ausländische Schüler ans Gymnasium wechseln, als deutsche,

eine viermal höhere Zahl Migrantenkinder geht zu Haupt- und Sonderschulen, als

Deutsche (S.87)

- ganz NRW: nur 7% der Abiturienten Ausländer (S.88)

- es erreichen etwa dreimal mehr Deutsche das Abi, während dreimal so viele

nichtdeutsche Schulabgänger über keinen Abschluss verfügen (S.88)

- arme Kinder sind die Kinder armer Eltern: zweidrittel der 21-26-jährigen

Sozialhilfeempfänger haben keine Berufsausbildung (S.90)

- Bildung ist der Schlüssel zur Integration (S.90)

- der Leistungsunterschied zwischen deutschen und ausländischen Schülern beträgt
im Durchschnitt zwei Klassenstufen (S.93)

- 40% der Deutschen erreichen das Abi, nur 10% der Ausländer (S.94)

- die Arbeitslosenquote der nichtdeutschen Bevölkerung war 2003 wie 2004 beinahe
doppelt so hoch wie die der deutschen (21% gegenüber 12%) (S.94)

**Johannes Meier (Demographie konkret): Der Demographische Wandel:
Strategische Handlungsnotwendigkeit und Chance für die Kommunen**

- Demographischer Wandel zwingt dazu, sich verstärkt mit Fragen der Altenpflege
und des betreuten Wohnens auseinandersetzen (S.7)

- Zusammenschluss kleiner und mittelgroßer Kommunen bietet die Chance im
interkommunalen und regionalen Wettbewerb zu bestehen (S.8)

**Strohmeier: Segregierte Armut in den Städten - Strategien sozial integrativer
lokaler Politik (Demographie konkret)**

- Armut hat in Deutschland zugenommen, vor allem die Armut von Kindern (S. 17)

- als arm bezeichnet man jemanden, der weniger als die Hälfte des
"bedarfsgewichteten" durchschnittlichen Nettoeinkommens für sich zur Verfügung
hat (S.17)

- Armut kann an Sozialhilfedichte gemessen werden: in ländlichen Räumen ist die
Armutsdichte geringer, in Kleve bezieht jedes 60. Kind unter sieben Jahren
Sozialhilfe, in Essen jedes sechste in der Essener Innenstadt jedes dritte (S.18)

- Kinder, die in Armutsstadtteilen aufwachsen, erfahren abweichende
gesellschaftliche Normalität: Arbeitslosigkeit, soziale Ausgrenzung, Apathie,
gesundheitliche Beeinträchtigungen, Familien ohne Vater, Arbeitslosengeld oder
Sozialhilfe als Regeleinkommen. (S.19)

- besonders in die Problemviertel gehören die besten Schulen mit den motiviertesten
Lehrer (S.20)

- Bewohner von Armutsviertel sind vor allem misstrauisch, es gilt ihr Vertrauen zu
gewinnen (S.21)

- eine Steigerung der Identifikation der Bewohner mit ihrem Stadtteil erreicht man über eine Beteiligung an der Verbesserung ihrer individuellen wirtschaftlichen Lage, der Wohnverhältnisse oder der Wohnumfeldbedingungen (S.22)
- Erfolgs versprechend sind oft "Selbermacherprojekte", z.B. eine Hochhausanlage in Hamburg-Kirchdorf-Süd, in der die Bewohner gemeinsam die Eingangsbereiche und Flure ihres Hauses renovieren und umgestalten (S.23)

Fallbeispiele

Schwalm-Eder-West
- Typ: Ländliche, strukturschwache Region mit kontinuierlichem Einwohnerrückgang (S.44)
- Strategie: Interkommunale Kooperation zur Stärkung der einzelnen Kommune (S.44)
- Im Zweckverband interkommunale Zusammenarbeit Schwalm-Eder-West haben sich die nordhessischen Gemeinden Bad Zwesten, Jesberg, Neuental, Wabern und die Stadt Borken (Hessen) zusammengeschlossen. Weitere Mitglieder in dem Zweckverband sind der Schwalm-Eder-Kreis und der Förderverein. Insgesamt leben 34.000 Menschen in dieser Region, ca. 14.900 in Borken (S.44)
- Nach Grubenunglück 1988 endete die Braunkohleförderung abrupt, der Wegfall der Arbeitsplätze ließ die Bewohner wegziehen (S.44)
- Unterschiede sind kein Hemmnis: verschiedene Wirtschaftsstrukturen: Borken hauptsächlich Bauwirtschaft und Energietechnik, Wabern mit Zuckerfabrik und Bad Zwesten Kurort. (S.45)
-Erarbeitung eines Entwicklungskonzeptes "Vision 2030 Schwalm-Eder-West" (S.45)
- "Zweckverband Interkommunale Zusammenarbeit Schwalm-Eder-West" wurde gegründet, um das abstrakt formulierte Leitbild auf die Realisierungsebene zu bringen (S.46)
- ein Hauptziel: SEW soll als attraktiver Wohn-, Wirtschafts- und Gesundheitsstandort profiliert werden, drei Hauptziele: 1) Bindung der Bevölkerung an den Raum, 2) Erhaltung und Schaffung von Arbeitsplätzen, 3)Ausbau und Stärkung des Bereichs Freizeit, Tourismus, Gesundheit (S.47)

- alle Beteiligten empfinden die Arbeit bisher als sinnvoll (S.47)

- Vorteil des Zusammenschlusses: um Großinvestoren anlocken zu können, muss eine Kommune eine entsprechende Gewerbefläche ausweisen können, nicht jede Mitgliedskommune konnte das vor dem Zusammenschluss (S.47), Einnahmen durch Gewerbesteuern werden geteilt (S.47/48)

-Infrastrukturanpassung: im Bereich Tourismus sollen neue Potenziale und Angebote entwickelt werden (S.48)

- Leere Wohnungen sollen revitalisiert werden (S.48)

- Zusammenarbeit der kommunale Verwaltung (S.49)

- keine klare Hierarchie im Zweckverband, er lebt von Gleichberechtigung, Ansprechpartner vor Ort sind die Bürgermeister (S.49)

Arnsberg

- Typ: Industriell geprägte Mittelstadt, deren Einwohnerzahl stagniert bzw. und aufgrund des allgemeinen Geburtenrückgangs in Zukunft Schrumpfen wird (S.72)

- Strategie: Mithilfe eines gesamtstrategischen Ansatzes unter intensiver Beteiligung der Bürger versucht Arnsberg, Einwohner der Stadt zu halten und Einwohner zu gewinnen (S.72)

- in Arnsberg leben 78.000 Menschen (S.72)

- Große Stadt-Umland-Wanderungen, Experten gehen von einem Schrumpfen bis 2020 um 9,6% aus (S.72)

- die Gruppe der 3-6-Jährigen nimmt um 21%, die der 10-19-Jährigen um 28% ab, während die der über 80-Jährigen um 47% zunehmen wird (S.72)

- Leitlinien "culture changing government": Menschen sollen aktiv mitgestalten, Diskriminierungen beendet und Potentiale von jungen Menschen, Migranten und Älteren genutzt werden und lokale Akteure gewonnen werden (S.73)

- Ziele: Stadt soll an Attraktivität gewinnen, "Arnsberg erneuert sich" (S.73), Vereinbarkeit von Familie und Beruf, lokale Bildungsoffensive, Integrationskonzept (Schulabbrecherquote verringern), Senioren-Selbstorganisation (großer Erfolg, Auszeichnung 2004), anpassungsfähige Verwaltungsstrukturen (S.74/75)

13

Stuttgart

-Typ: wachsende westdeutsche Großstadt in einer prosperierenden Region (S.94)

- Strategie: Der kompakte Familienpolitische Ansatz soll das Leben in einer Stadt für junge Familien wieder attraktiv erscheinen lassen, die besten Zukunftschancen bieten und so eine Abwanderung ins Umland verhindern (S.94)

- Problem in Stuttgart: deutsche Familien wandern ins Umland ab, in der Stadt wohnen vor allem Migranten, Alleinerziehende, Studenten, bis 2030 wird der Ausländeranteil auf über 40% steigen (S.94)

- Zahl der Bevölkerung steigt bis 2020 um 2,9% (S.94)

- Vereinbarkeit von Familie und Beruf wird gefördert, Notfallplätze in Betriebskindergärten, Kantinenessen kann für Kinder mitgenommen werden, Ferienbetreuungsangebote (S.95)

- "Kinder statt Damenprogramm" für Managerinnen (S.97)

- Familienportal für Stuttgart: Onlinesuche nach Kinderbetreuung, Betreuung und Pflege von Angehörigen, Haushaltsnahe Dienstleistungen (S.97/98)

Esser: Demographie und Soziologie

- Demographie heißt Bevölkerungslehre: griech. Demos (Volk) und graphein (schreiben): Das beschreibt den Bestand der Exemplare des Homo sapiens in einem bestimmten Gebiet zwischen zwei Zeitpunkten (S.253)

- wichtigster Aspekt des demographisch bedeutsamen Verhaltens ist das degenerative Verhalten, damit bezeichnet man das allgemein und gelegentlich auch nur mit der Fortpflanzung verbundene Verhalten wie die Heiratshäufigkeit, die Wahl des Heiratsalters, das Zeugungsverhalten, die Anwendung konzeptiver Mittel u.a. (S.253/254)

- Frauen haben mit der Erweiterung ihrer Ressourcenspielräume nicht mit einer Erhöhung der Fertilität, sondern mit einer drastischen Absenkung reagiert (S.254)

Esser: Demographische und soziale Grundstrukturen

- die Demographie entspricht nicht der Bevölkerung, sondern der Bevölkerungsgesamtheit und setzt sich aus der Realisierung von Geburten (wichtig:

Fertilität), der Anzahl von Todesfällen (wichtig: Mortilität) und dem Saldo aus Zu- und Abwanderungen zusammen (S.257/258)

- rohe Geburtenziffer: Anzahl der in einem Jahr Geborenen auf 1000 Einwohner, altersspezifische Fruchtbarkeitsziffer: Zahl der Geborenen bezogen auf je 1000 Frauen im Alter zwischen 15 und 45 Jahren (S.259)

- allgemeine Eheschließungsziffer: Anzahl der Eheschließungen auf 1000 Einwohner (S.259)

- wichtig ist das durchschnittliche Heiratsalter: jede Hinausschiebung der Eheschließung, etwa aus Gründen einer qualifizierten Ausbildung, und damit der Geburt des ersten Kindes vermindert die Fertilität (S.259)

- rohe Sterbeziffer: Anzahl der Todesfälle in einem Jahr auf 1000 Einwohner, aussagekräftiger ist die altersspezifische Sterbewahrscheinlichkeit, dadurch kann festgestellt werden, ob ein Rückgang der absoluten Anzahl bei den Sterbefällen einer Bevölkerung auf eine höhere Lebenserwartung der älteren Personen oder auf eine Verringerung der Säuglingssterblichkeit zurückzuführen ist (S.259/260)

- Saldo: Geburtenüberschussziffer: die auf die Grundgesamtheit bezogene Differenz zwischen Geborenen und Gestorbenen in einem Zeitraum (S.260)

- Migration: Saldo aus Zuzügen und Fortzügen (S.260)

- Allein zur Sicherung des Rentenversicherungssystems ist ein Einwanderungsüberschuss von 300.000 und 400.000 Personen pro Jahr notwendig (S.261)

- Teilpopulationen einer Bevölkerung, die ein bestimmtes Ereignis als gemeinsame Eigenschaft haben, werden als Kohorte bezeichnet, es gibt Heiratskohorten, Scheidungskohorten etc. (S.262)

- Die demographische Struktur der Bevölkerung von 1910 ist die der wachsenden Bevölkerung: Hohe Geburtenzahlen und eine gleichmäßige "Absterbeordnung" der vorhergehenden Kohorten, demgegenüber schrumpft die Bevölkerung 1987: in der Alterspyramide spiegeln sich mehrere Prozesse wieder: der erste Weltkriege und seine Geburtenausfälle, der zweite Weltkrieg und seine Kriegsopfer in der Altersgruppe um 70 und 75 Jahre, die Geburtenausfälle während der Weltwirtschaftskrise Ende der 20er Jahre, der Baby-Boom Mitte der 60er Jahre auf dem Höhepunkt des Nachkriegsaufbaus und schließlich der drastische Abfall der

Geburtenzahlen nach 1967, der fälschlicherweise als Pillenknick bezeichnet wird
(S.266/267)

- 1910: demographische Stabilität, doch Bild täuscht, hohe Geburtenzahl von 1910
war Ergebnis starker Heiratskohorten und weiter zurückgehenden
Säuglingssterblichkeit bei bereits deutlich abnehmender Geburtenfreudigkeit (S.267)
- merkwürdig: höhere Sterblichkeit der männlichen Exemplare des homo sapiens
(S.267)
-Def. Generation: Man kann von einer Generation sprechen, wenn es typische,
abgrenzbare und auf die Individuen nachhaltig wirksame Periodeneinflüsse zu deren
Jugendzeit gegeben hat, Beispiele: Vorkriegsgeneration, Kriegskinder, 68er
Generation (S.269)
- Perioden weisen für alle, zu einem bestimmten Zeitpunkt lebenden Personen
unterschiedlicher Kohorten und Altersgruppen gleichen Einfluss, den der jeweils
aktuellen historischen Situation, Beispiele: der Ausbruch eines Krieges oder die
Änderung eines politischen Systems eines Landes zu einem bestimmten
historischen Zeitpunkt, die die Personen aller lebenden Generationen und aller
Altersgruppen gleicherweise, aber wohl mit unterschiedlichen Folgen trefffen (S.270)
- Standard-Demographie: wichtigste Eigenschaften: Alter, Geschlecht, Kohirte,
Periode, Familienstand, Kinderzahl, Bildung, Beruf, Einkommen, ethnische und
regionale Zugehörigkeit, Religionszugehörigkeit, politische Orientierung und
grundlegende Werte (S.272)
- wichtig für die Erhebung: Volkszählung, Mikrozensus, sozialwissenschaftliche
Befragungen (S.272)

Franz-Xaver Kaufmann: Zukunft der Familien im vereinten Deutschland
- Entwicklungstrends der BRD: geringe Stabilität von Ehen, eine stärker gesunkene
Fertilität und absehbare, dauerhafte Verwerfungen des Generationengefüges als
Folge (S.82)
- DDR: Sozialpolitik war auf Familiengründung und Geburtensteigerung angelegt,
Vollzeiterwerbstätigkeit und Familie sollten unter einen Hut gebracht werden können
(S.84)

- Die DDR-Sozialpolitik war auf die Förderung der Familien gerichtet, die der BRD in erster Linie auf die Ehe (S.85)

- Familie und Ehe sind in der BRD stärker verrechtlicht, als das in der DDR der Fall war (S.88)

- Zusammenfall der DDR vor allem mit Arbeitsplatzverlusten der Frauen verbunden, außerdem mit Verlust von Krippeneinrichtungen (S.89), Folgen: starker Geburtenrückgang von 199.000 im Jahre 1989 sanken die Geburten auf 80.000 im Jahre 1993, auch die Eheschließungen reduzierten sich zwischen 1990 und 1991 um 50%, die Ehescheidungen gingen zwischen 1990 und 1991 um 72% zurück (S.90)

- erster Geburtenrückgang 1910-1930: Industrialisierung, Verstädterung (S.90)

- Theorie des demographischen Übergangs: nach einer Übergangszeit mit zunächst sinkender Sterblichkeit und verzögernd folgendem Sinken der Fruchtbarkeit ein neues Gleichgewicht einpendeln werde, bei dem sich Geburten und Sterbefälle langfristig die Waage halten (S.91)

- jüngere Forschung nimmt an, dass der jüngste Geburtenrückgang ein eigenständiges Phänomen ist, denn die 1960/1961 heirateten 96% der Männer und 95% der Frauen mindestens einmal, 1910/1911 nur je 86%, außerdem stieg die Fertilität der im gebärintensiven Alter stehenden Frauen an (S.91)

- 1962-1972: Zahl der Heiraten verringerte sich in Infolge von kleineren Jahrgangsgrößen, die Häufigkeit der kinderreichen Familien verringerte sich, Änderung des Heiratsverhaltens seit 1978, immer weniger Menschen bekommen Kinder (S.92)

- Familien sind umso kleiner, je mehr sie in verstädterten Verhältnissen leben und je stärker die Frauen berufstätig sind (S.92)

- nicht der Geburtenrückgang muss erklärt werden, sondern die Gründe für die Entscheidung zu einem Kind (S.92)

- Familiengründung wird auch heute noch mit der Eheschließung in Verbindung gebracht (S.94)

- Charlotte Höhn unterscheidet Veränderungen auf verschiedenen Ebenen: Mirkoebene: Veränderungen im Wert von Kindern, der Familienformen, der Familienplanung, sowie Persönlichkeitsmerkmale, Mesoebene: wichtigste Aspekte

differentieller Kinderzahlen, nämlich Bildungsniveau, Konfession und Religiosität...,
Makroebene: Wertewandel, Kinderfeindlichkeit, Zukunftsangst...(S.95)

- Änderung der Werte: Monogame Ehe wird seit den 60ern als Fessel empfunden,
Entkopplung von Sexualität und Fortpflanzung, Entkoppelung von Liebe und Ehe,
Entkoppelung von Ehe und Elternschaft, Entkoppelung von biologischer und sozialer
Elternschaft (S.97-100)

- Georg Simmel: Kreuzung der sozialen Kreise, Übermaß an
Entscheidungszumutungen, Optionserweiterung nur für diejenigen gut, die sich
entscheiden können, was sie wollen (S.102/103)

- Ökonomische Einflüsse: Veränderung des Wohlstands, der Berufsstrukturen und
der Berufslinie (S.103)

- zunehmende Erwerbstätigkeit der Frau, wichtiges Motiv: Vermeidung von
Abhängigkeit vom Mann (S.104)

- Fernsehen hat das Leben in den Familien nachhaltig beeinflusst (S.105)

Franz-Xaver Kaufmann: Schrumpfende Gesellschaft

- In Europa verlängert sich die mittlere Lebenserwartung pro Geburtenjahrgang um
zwei bis drei Monate (S.13)

- die alte BRD kann als Pionier der lowest fertility gelten, seit 1970 dauerhaft niedrig,
momentan 1,4 Kinder pro Frau (S.14)

- Kaufmann vertritt eine minderheitliche Position: Nicht das Altern, sondern der
absehbare und sich voraussichtlich beschleunigende Rückgang unserer
Bevölkerung ist das zentrale demographische Problem (S.15)

- Dramatik des Geburtenrückgangs wird durch den Sterblichkeitsrückgang
verschleiert, die Bevölkerung als Ganzes geht weniger zurück, als die Bevölkerung
im Erwerbsalter (S.16)

- die deutsche Politik hat die sozialen Einrichtungen einseitig zugunsten der älteren
Generation ausgebaut und dabei insbesondere die Kinderlosen im
Verteilungsprozess begünstigt (S.16/17)

- es braucht: lebenslanges Lernen, Anerkennung der Bedürfnisse von Familien und
Kindern, Reform des Bildungswesens etc. (S.17)

- Forderungen: Frauen müssen unterstützt werden bei Karrieren mit Kindern, Kinderarmut durch bessere Bildungsleistungen bekämpft werden und Kinderlosen Kürzungen der Leistungen auferlegt werden, durch nicht erbrachte Investitionen (S.18)
- Zunahme und Rückgang beziehen sich auf eindimensionale, Wachstum und Schrumpfung auf mehrdimensionale, systematische Prozesse (S.19)
- demographische Entwicklungen spielen in der neueren Gesellschaftstheorie bisher praktisch keine Rolle (S.21)
- Definition: Wachstum als multidimensionales, systematisches Phänomen resultiert aus einer positiven Synergie von Teilprozessen mit Wachstumstendenzen, welche es gestatten, die gleichzeitig stattfindenden rückläufigen Entwicklungen zu kompensieren. (S.22)
- Definiton: Vom Schrumpfen als systematisches Phänomen ist zu sprechen, wenn rückläufige Entwicklungen dominant werden und sich wechselseitig zu verstärken tendieren. (S.22)
- Defintion: Als Bevölkerung gelten die statistisch erfassbaren Einwohner einer Gebietskörperschaft oder eines sonstwie eindeutig abgrenzbaren Raumes. Der Bevölkerungsbegriff hat regelmäßig einen territorialen Bezug. (S.23)
- Wenn in einer Bevölkerung nachhaltig mehr Menschen sterben als geboren werden, dann ist das Prinzip der demographischen Nachhaltigkeit verletzt (S.25)
- Kaufmann: Solange die Prozesse der Besteuerung und Umweltverteilung nicht auf die europäische Ebene hochgezogen werden, kommt es für die menschliche Wohlfahrt auf den herkömmlichen Raum der Nationalstatten an, auf die Produktiven Kapazitäten ihrer Bevölkerung, und zwar sowohl hinsichtlich der Höhe des Sozialprodukts als auch im Hinblick auf seine Verteilung. (S.27)
- Familientätigkeit, Elternschaft und deren zwischenmenschliche sowie gesellschaftliche Anerkennung tragen entscheidend zur Schaffung und Erhaltung jenes geistigen und humanen Vermögens bei, welches die Überlebensfähigkeit und die Kultur einer Gesellschaft sichert (S.29)
- Defintion: Humanvermögen bezeichnet die Summe der individuellen Kompetenzen, welche sich in einer Gesellschaft zum eigenen und zum Nutzen Dritter entfalten können (S.29)

- zentrale Aufgabe des Sozialstaats: Die Reproduktion des Humanvermögens. (S.30)

- zwischen 1992 und 2002 hat sich eine Enquete-Kommission des Deutschen Bundestages mit dem demographischen Wandel beschäftigt: Das Thema Bevölkerungsrückgang kommt in dem Bericht kaum vor. Weder der Bevölkerungsrückgang und seine Auswirkungen noch die prekäre Lage der nachwachsenden Generationen wurden von der Kommission untersucht, stets stehen die älteren Generationen im Blickpunkt, nicht die in immer geringerer Zahl Nachwachsenden, auch das Thema der Einkommensarmut Alleinerziehender und kinderreicher Familien spielt keine Rolle, im Mittelpunkt stehen Probleme der Vereinbarkeit von Familie und Beruf und die schwächer werdenden Unterstützungsnetzwerke für ältere Menschen (S.30/31)

- Probleme der nachwachsenden Generationen bleiben ausgeklammert: Bildungs-, Familien- und Jugendpolitik kommen in den Überlegungen der Enquete-Kommission nicht vor, dies wird gedanklich ermöglicht durch die Ignorierung des Bevölkerungsrückgangs als eines eigenständigen demographischen Wirkfaktors (S.31)

-Bert Rürup: Reform der Sozialversicherung (2003), selbst im Zuge dessen wird nicht von Bevölkerungsrückgang geredet (S.32)

- Deutschland lebt schon seit einer Generation über seinen Verhältnissen (S.33)

- Gründe für die Ignoranz: demographische Probleme entwickeln sich sehr langsam, was für das schnelllebige Politikgeschäft unattraktiv ist, wenn man auf Stimmenfang gehen will, am ehesten werden Prozesse der Zu- und Abwanderung thematisiert (S.34)

- weiterer Grund: Wachsen ist leichter als Schrumpfen! (S.35)

- Demographische Perspektiven: bei der langfristigen Entwicklung wird immer das Jahrhundert zwischen 1950 und 2050 ins Auge genommen (S.38)

- das Altern der Bevölkerung: Verbesserung der allgemeinen Ernährungslage im 18. Jahrhundert vor allem die Kindersterblichkeit sank, was im 19. Jahrhundert zu einem starken Bevölkerungswachstum und einer Verjüngung der Bevölkerung beitrug (S.39/40)

- 2070 soll das Bevölkerungsmaximum von 9 Milliarden Menschen erreicht sein (S.40)
- 2001 betrug der Seniorenanteil 24.1%, es ist unter allen Umstöänden mit einem Zuwachs zu rechnen (S.43)
- Der gegenwärtigen Altenanteil ist also, bezogen auf die jüngsten demographischen Entwicklungen extrem niedrig, was im Wesentlichen auf die Geburtenausfälle und Todesfälle im Gefolge des ersten Weltkrieges zurückzuführen ist (S.44)
- Die Zuwanderung reduziert den Altenanteil in geringerem Maße als eine vergleichbare Höhe der Fertilität, weil ja auch die Zuwanderer das Rentenalter erreichen (S.44)
- Seit 1972 werden in der BRD weniger Geburten als Todesfälle registriert (S.48)
- Die Zuwanderung vergrößert nicht nur die erwerbstätige Bevölkerung, sondern aufgrund der höheren durchschnittlichen Kinderzahl pro Frau von ca. 1,8 wird auch die Fertilität stabilisiert; die Fertilität der der deutschen Frauen allein liegt heute bei nur noch 1,2 Kindern pro Frau. (S.50)
- Ohne Zuwanderung wurde sich unter den dem bisherigen Trend entsprechenden Annahmen die Bevölkerung in Deutschland sich bis 2080 halbieren (S.50)
- festzuhalten ist der progressive Charakter des Bevölkerungsrückgangs, der nicht linear, sondern exponentiell ist –> Bevölkerungsimplosion (S.52)
- Die Bevölkerungsschrumpfung lässt sich in der BRD bei der gegenwärtigen Fertilität nicht beseitigen, sondern nur mildern, dazu müsste die Fertilität auf 1,6 steigen und ein Zuwanderungsniveau von 150.000 pro Jahr gehalten werden (S.54)
- der Schrumpfungsvorgang setzt für die Bevölkerung im Erwerbsalter schon 2010 ein (S.56)
- Schon Platon und Aristoteles machten sich Gedanken über die optimale Größe einer Polis (S.56)
- Populationisten befürworteten das Bevölkerungswachstum, nur dadurch ließe sich Wohlstand und Macht sichern (Jean Bodin) (S.57)
- demgegenüber forderte Thomas R. Malthus eine Beschränkung der Geburten, vor allem der armen Bevölkerungsschichten; demzufolge werden Gegner des Bevölkerungswachstums als Malthusianisten bezeichnet. (S.57)
- eine optimale Bevölkerungsgröße lässt sich nicht voraus sagen (S.57)

- Bevökerungsdruck scheint dire Wahrscheinlichkeit von Kriegen zu erhöhen (S.59)
- These: hohe demographische Wachstumsraten von mehr als 2% jährlich
beeinträchtigt die ökonomische Entwicklung, während mäßige Wachstumsraten ihr
eher förderlich sind (S.60)
- ein langfristiger Bevölkerungsrückgang ist auch aus Wohlfahrtsperspektive
ungünstig (S.61)
- Neben der Wachstumsproblematik ist auch die Verteilungsproblematik zentral
(S.61)
- Die verhängnisvolle Wirkung eines Bevölkerungsrückgangs resultiert aus dem
Umstand, dass er sich nahezu in allen gesellschaftlichen Teilbereichen in
gleichsinniger Weise auswirkt und dadurch auch geeignet ist, Wechselwirkungen
auszulösen oder zu verstärken. Das soll mit dem Buchtitel "Schrumpfende
Gesellschaft" ausgedrückt werden. (S.62)

2) Migration und Integration

Was ist Migration? Verschiedene Arten der Migration?
Was ist Integration (Das Integrationskonzept als solches)?
Inwiefern kann Fußball zur Integration beitragen?

Petrus Han: Soziologie der Migration
- erste Migrationsforschungen in den 20er Jahren an der Universität Chicago (S.6)
- Migratio kommt vom lateinischen Wort migrsre bzw migratio (wandern, wegziehen,
Wanderung) (S.7)
- Migration wird als Bewegungen von Personen im Raum verstanden, die einen
dauerhaften Wohnortwechsel bedingen (S.7)
- 1950 war Migration schon ein Wohnortwechsel der in Jahr dauerte, ab den 60ern ,
wenn der Wohnortwechsel länger als fünf Jahre anhielt, seit 1998 wieder diejenigen,
die den ständigen Wohnsitz länger als eine Jahr von ihrem Herkunftsland in ein
anderes Land verlegen (S.7)

- der schwierigere Teil der "inneren psychosozialen Migration" beginnt erst nach der "äußeren Migration" (S.8)

- Binnenmigration: Verlegung des ständigen Wohnsitzes von einer politischen Gemeinde in eine anderem die sich innerhalb gleicher nationalstaatlicher Grenzen bewegt (S.9)

- Internationale Migration: Verlegung des Wohnsitzes zwischen den Nationalstaaten. Dabei wird die Immigration (Einwanderung) von der Emigration (Auswanderung) unterschieden (S.9)

- Migrationsstrom: Die Richtung der Migrationsbewegungen von einem bestimmten Ausgangsort (Auswanderungsort) zu einem bestimmten Zielort (Einwanderungsort). (S.10)

- Migrationsvolumen und Migrationssalden bzw. -bilanzen: Die Summe der Zu- und Abwanderungen der Menschen innerhalb eines Gebietes und einer bestimmten Zeit wird als Migrationsvolumen bezeichnet, während die Gewinne und Verluste, die eine Bevölkerung eines bestimmten Gebietes in einer bestimmten Zeit durch die Migration erfährt, als Migrationssalden bzw. Migrationsbilanz bezeichnet werden. (S.11)

- Mobilitätsziffer: Summe der Ein- und Auswanderungen von Menschen eines Gebietes bezogen auf die Bevölkerung per Tausend (S.11)

- Kettenmigration: die Pioniermigranten ermöglichen ihren Familienangehörigen oder Bekannten aus dem Primärgruppenkreis im Herkunftsland auch eine Migration (S.12)

- Push- und Pullfaktor: Gravitationsmodell geht auf die "laws of migration" von Ernest George Ravenstein zurück (1885), These: Es besteht ein intensiver Zusammenhang zwischen Migrationshäufigkeit und geographischer Entfernung, d.h. die Zahl der Migrantenfälle nimmt mit zunehmender Entfernung ab, aus heutiger Sicht hängt die Migrationshäufigkeit eher von politischen und rechtlichen Bestimmungen des Aufnahmelandes ab, Everett S. Lee: Push-Faktoren (Druckfaktoren) sind alle die Faktoren des Herkunftsortes bzw. -landes der Migranten zusammengefasst, die diese zur Emigration (Auswanderung) zwingen. Unter Pull-Faktoren (Sogfaktoren) werden dagegen all die Faktoren des Aufnahmeortes bzw. -landes der Migranten

23

zusammengefasst, die duese zur Immigration (Einwanderung) anreizen und motivieren (S.15)

-Migrationssystem und Migrationsnetzwerke: im Migrationssystem wird die Migration nicht auf die individuelle Entscheidung zurückgeführt, sondern als das Ergebnis der Interaktion aller Faktoren angesehen, die die Sende- und Empfängerländer zu einem Migrationssystem miteinander verbinden, Migrationsnetzwerke bestehen aus interpersonellen Bindungen, die über Raum und Zeit hinweg die Migranten mit Menschen aus ihrem Herkunftsland auf der Basis der Verwandtschafts- und Freundschaftsbeziehungen sowie der gemeinsamen Herkunft miteinander verbinden (S.17)

- Pitirim A. Sorokin unterscheidet den sozialen und den geometrischen Raum: die Migration als geographische Mobilität mit einem dauerhaften Wohnortwechsel ist daher von der sozialen Mobilität im Sinne der vertikalen Mobilität nach Pitirim A. Sorokin zu unterscheiden (S.18/19/20)

Ausgewählte Migrationstheorien

Ernest George Ravenstein mit seinen "Laws of Migration" einer der ersten, der zur Migration forschte, er wollte Gesetze der Migration entdecken (wie in der Naturwissenschaft), Ravenstein ging davon aus, dass der Wunsch der Menschen bei der Migration sei, ihre materiellen Lebensbedingungen zu verbessern
Seine Migrationsgesetze:
a) Unter normalen Bedingungen vollzieht sich Migration langsam und schrittweise
b) der Migrationsstrom nimmt proportional zu der wachsenden geographischen Distanz in seiner Stärke ab
c) Migration löst Gegenmigration aus
d) Das Wachstum der Städte geht auf Kosten der Entvölkerung der ländlichen Regionen
e) Unter den "short journey" Migranten sind vor allem Frauen
f) Mit der Entwicklung des Verkehrswesens und der Industrie (S.42/43)

Charles Price: "The Study of Assimilation" (vierphasiges ökonomisches Sequenzmodell)

1. Wachsende Nachfrage nach Arbeitskräften macht Arbeitsmigranten nötig.
2. Wirtschaftlicher Abschwung schürt Fremdenfeindlichkeit.
3. Zyklische Erholung der Wirtschaft, Fremdenfeindlichkeit lässt nach. Lockerung der Einwanderungsbestimmungen.
4. Rezession schürt wieder die Fremdenfeindlichkeit, aufgrund der gewachsenen Pluralität der Gesellschaft fällt diese nicht ganz so stark aus. (S.43/44)

Ökologisches Sequenzmodell über das amerikanische Judentum von **Louis Wirt** und **Nathan Glazer** und Generationen-Sequenzmodell von H.G. Duncan lasse ich aus (S.44-46)

Modell des "race-relation-cycle" von **Robert E. Park** und **Ernest W. Burgess** in den 20er Jahren hat Theorienähe. These: Jedesmal, wenn zwei oder mehrere ethnische Gruppen durch Migration in einem Gebiet zusammenkommen, um dort zusammenzuleben, durchlaufen sie fünf zyklische Phasen:

1. Contact-Phase: ethnische Gruppen nehmen untereinander friedliche Kontakte.
2. Competition-Phase: Sie treten in den Wettbewerb um die Knappen Ressourcen wie Arbeitsplätze.
3. Conflict-Phase: Folge des Wettbewerbs: Konflikte und Diskriminierungen.
4. Accommodation-Phase: ethnische Gruppen suchen sich berufliche Nischen und ziehen sich in gesonderte Gebiete zurück (S.47)
5. Assimilations-Phase: Durch interethische Ehen verschwinden die Unterschiede.

Kritik: interethische Beziehungen müssen nicht immer in Richtung Assimilation verlaufen (S.47)

Hartmut Esser bewertet die theoretischen Analysen von Eisenstadt und Gordon als die bis heute am weitesten entwickelten und systematischsten Fassungen des Problems der Eingliederung (S.48)

Migrationstheorie von **Shmuel N. Eisenstadt** (1952ff) (S.49-53)

Der Migrationsvorgang besteht aus drei Phasen:

1) Die Motivbildung zur Migration.

2) Der aktuelle Vorgang der Migration selbst. Die Unsicherheit der Migranten, die durch das Verlassen des Herkunftsortes eingetreten ist, wird nun durch die Unsicherheit in der neuen Umwelt zusätzlich verstärkt.

3) Prozess der Eingliederung, den Eisenstadt erst mit dem Begriff Assimilation bezeichnet hat, später dann mit "the process of absorption"

Prozess der Absorption beinhaltet drei Teilprozesse

1) Institutionalisierung der Rollenerwartungen und Verhaltensweisen im Alltag: neue Sprache, neue soziale Rollen.

2) Anpassung der Immigranten an die Anforderungen der Aufnahmegesellschaft: Migranten müssen mit Schwierigkeiten rechnen, weil ihnen die Chance für diese Anpassungsleistung verweigert werden könne. Für Eisenstadt ist die Ausweitung sozialer Interaktionen und Partizipationen über die Primärgruppenbeziehungen hinaus eine der wesentlichen Voraussetzungen für die erfolgreiche absoption in die Aufnahmegesellschaft.

3) Eindringen der Immigranten in die institutionellen Sphären der Aufnahmegesellschaft und Verschmelzung

Die vollständige Absorption (verwandt mit dem Begriff der Assimilation) ist dann erreicht, wenn die Migranten ihre Gruppenidentität restlos abgelegt haben.

Migrationstheorie von **Milton M. Gordon** (1964ff) (S.53-58)

- Ausgangspunkt der Assimilationstheorie sind Vorurteile und Diskriminierungen. Gordon nimmt an, dass Menschen gleicher sozialer Klassen sich ähnlich verhalten und miteinander mehr oder weniger die gleichen Wertvorstellungen teilen. Menschen gleicher Klassenzugehörigkeit und unterschiedlicher ethnischer Herkunft werden in ihren Verhaltensweisen ähnlich sein, jedoch kein Zugehörigkeitsgefühl zu einem Volk empfinden. Umgekehrt werden Menschen gleicher ethnischer Zugehörigkeit und unterschiedlicher Klassenzugehörigkeit zwar ein ethnisches Zugehörigkeitsgefühl haben, jedoch keine Klassenbezogenen Verhaltensweisen zeigen. Gordon glaubt an die Existenz der "core society" und "core culture" der amerikanischen Gesellschaft, an die die Migranten sich anpassen müssen. Er unterscheidet sieben Teilprozesse der Assimilation.

1) Kulturelle Assimilation: Sprache muss gelernt werden etc.

2) Strukturelle Assimilation: Eintritt in Cliquen, Vereine etc.

3) Marital Assimilation: Entstehen interethnischer Heiratsmuster (biologische Angleichung: Amalgamierung)

4) Identifikative Assimilation: Entwicklung eines Zugehörigkeitsgefühls in die Aufnahmegesellschaft

5) Attitude receptional Assimilation: Fehlen von Vorurteilen

6) Behavioral receptional Assimilation: Fehlen von Dikriminierungen

7) Zivile Assimilation: Fehlen von Wertkonflikten und Machtkämpfen

Migrationstheorie von **Hans-Joachim Hoffmann-Nowotny** (1970)(S.59-63)

- Ausgangspunkt sind strukturelle und anomische Spannungen im sozialen System, die durch Ungleichheit von Macht und Prestige auftreten. Drei unterschiedliche Spannungstypen: Ungleichgewichtsspannung, Rangspannung, Unvollständigkeitsspannung.

Veränderung der Position auf den gegebenen Macht- und Pretigelinien heißen bei ihm Mobilität –> Migration ist eine Form dieser Mobilität, die der Migrant als Instrument zur Veränderung seiner Position auf Statuslinien einsetzt, um die strukturellen Spannungen abzubauen. Die strukturellen Spannungen des Herkunftsortes werden zum entscheidenden Determinanten der Migration (mikrosoziologisch). Ausbau zur makrosoziologischen Theorie: Welt wird im Zuge der Globalisierung zu einer Welt mit wachsendem Migrationspotential

Migrationstheorie von **Hartmut Esser** (1980ff), (S.63-69)

- orientiert sich am methodischen Individualismus, wie Eisenstadt geht er auch davon aus, dass Migration die Desozialisation der Migranten beinhaltet, sie müssen nach Esser wieder eingegliedert werden, drei Aspekte der Eingliederung: Akkulturation (Prozess der Angleichung), Integration und Assimilation (Zustand der Ähnlichkeit)

vier verschiedene Assimilationsformen

1) Kognitive Assimilation in Wissen etc. (Wissens-Dimension)

2) Identifikative Assimilation in der Hochschätzung von Elementen (Wert-Dimension)

3) Soziale Assimilation (Interaktions-Dimension)

4) Strukturelle Assimilation (Institutions-Dimension)

Handlungstendenz hängt von vier Variablen ab

1) Motivation

2) Kognition

3) Attribution

4) Widerstand

Ein Akteur setzt seine Handlung als Mittel für die angestrebten Ziele ein. Er wird dabei in seiner rationalen Handlungsentscheidung, im Sinne der kognitiven Theorie des Lernens und Handelns, von der "Kraft" der Ziel-Mittel-Kosten-Kalkulation geleitet. Lernen und Handeln sind nicht ausschließlich akteursbestimmt, sie haben Umgebungsvariablen wie Opportunitäten, Barrieren, Alternativen.

Zwei Hypothesen bezüglich der assimilativen Handlungsentscheidung von Migranten:

1) Je intensiver Motive und subjektive Erwartungen, dass die Zielsituation über assimilative Handlungen erreicht werden kann und je niedriger Widerstände gegen assimilative Handlungen sind, desto eher führt er sie aus.

2) Je mehr assimilative Handlungsopportunitäten dem Wanderer im Aufnahmeland offenstehen, je geringer die Barrieren sind und je weniger Möglichkeiten nicht assimilativer Handlungen offenstehen, um so eher führt der Wanderer die assimilativen Handlungen aus.

Akkulturation stellt die Anfangsphase dar, der Integration und Assimilation nicht Folgen müssen, aber können, das Endstadium wäre die identifikative Assimilation.

- BRD unterscheidet zwischen Asylsuchenden, Aussiedlern und Arbeitsmigranten, Aussiedler sollen eingegliedert werden, Arbeitsmigranten zur Rückkehr motiviert werden, die die bleiben, sollen integriert werden. (S.334)

- Unter den europäischen Ländern ist Frankreich mit seiner Eingliederungspolitik dem Assimilationsmodell am nächsten (S.336)

- den europäischen Ländern ist heute gemeinsam, dass sie vom Assimilationsmodell der Eingliederung Abstand nehmen und sich mehr Richtung Pluralismusmodell bewegen (S.337)

Eisenstadt meint mit Integration den allmählichen Einzug der Immigranten in die strukturellen Bereiche der Aufnahmegesellschaft (S.337)

- Eisenstadt differenziert vier Integrationsprozesse (S.338-341)

1) Adaptive Integration: Basisrollen werden gelernt und neue rollen gespielt, positive Identifikation mit den Werten der Aufnahmegesellschaft, Grundbedingungen: Bereitschaft zur Integration und Bereitschaft der Gesellschaft zu integrieren

2) Instrumentale Integration: Zweckorientierte Bemühungen zur Übernahme von Rollen, um z.B. in der Arbeitswelt zu bestehen.

3) Solidarische Integration: Solidarisierung der Immigranten mit den zentralen Wertvorstellungen der Aufnahmegesellschaft

4) Kulturelle Integration: Übernahme emotionaler Ausdrucksformen und Symbolen der Aufnahmegesellschaft.

- Im Gegensatz zu Eisenstadt verwendet Gordon nur selten den Begriff der Integration (S.341)

- Gordon geht von der These aus, dass die Assimilation oft nicht stattfindet, weil die Anpassung überwiegend bei der Akkulturation stehen bleibt (S.342)-

Gordon verwendet den Begriff der Integration im Sinne der strukturellen Assimilation: Integration findet demnach erst dann statt, wenn die Einzelnen ihre Ängste gegenüber anderen ethnischen Gruppen überwinden und durch eine Veränderung ihrer Grundhaltung ihre soziale Interaktion über die Primärgruppen ausdehnen (S.342)

- Integration hängt auch von der Politik der Aufnahmegesellschaft ab, die gleiche Rechte für alle Bürger garantieren muss. (S.342)

Esser sieht Integration als Zustand des Gleichgewichts, der in drei Dimensionen zum Ausdruck kommt:
- Personale Integration: äußert sich in Zufriedenheit und Spannungsfreiheit
- Soziale Integration: Wenn sich die sozialen Beziehungen der Person zu anderen Personen im Gleichgewicht befinden
- Systematische Integration: äußert sich als Gleichgewicht eines Makrosystems. Die Subeinheiten des Systems stehen in einem spannungsarmen funktionalen Verhältnis zueinander
Esser weist darauf hin, dass die Integration Zustand der innerpsychischen Zufriedenheit die Stabilität der Orientierung voraussetzt, die als Folge der gelungenen Lernprozesse eintritt. Damit ist deutlich, dass die Akkulturation der Integration vorausgeht (S.343-346)

Schlussfolgerungen
a) Der Prozess der Integration besteht aus mehreren nacheinander folgenden Phasen, aus der prozesshaften und stufenweisen Eingliederung der Immigranten in die unterschiedlichen strukturellen Bereiche der Aufnahmegesellschaft. (S.346)
b) Der Einzelne hat bei der strukturellen Eingliederung nicht nur mit unterschiedlichen Problemen zu kämpfen, sondern kann diese auch nur mit unterschiedlichem Erfolg bewältigen.(S.347)
c) Pluralisierung der Gesellschaft wird politisch gewollt. (S.347)

Hartmut Esser: Ethnische Differenzierung und moderne Gesellschaft
- Wichtiger Anlass für ethnische Vergemeinschaftungen dürften die mit der Modernisierung einhergehenden allgemeinen Mobilisierungen sein (S.239)
- Soziologisch gesehen machen ethnische Bewegungen in den modernen Gesellschaften keinen Unterschied z.B zur Frauenbewegung, zu den Grauen Panthern oder zu Tierschützern (S.246)

- Entdifferenzierende Probleme hören dann auf, wenn Orientierungsprobleme, z.B. aus der Migrationssituation, nachlassen (S.246)
- ethnische Differenzierungen ermöglichen den Modernisierungsprozess (S.247)
- Modernisierung bedeutet Schaffung der Voraussetzung für ethnische Differenzierung (S.249)

Ismail Ermagan: Integrations- und Segregationsneigungen von Deutschtürken
- in der Migrationsgeschichte von Deutschland hat es eine fühlbare soziale Integration von Türken in die Aufnahmegesellschaft gegeben, Esser bezeichnet dies als Assimilation. Dennoch gibt es eine fühlbare Benachteiligung der Türken auf Ebene der strukturellen Assimilation vorhanden (S.177)
- Esser sagt, dass es bei einigen Teilen der türkischen Bevölkerung noch deutliche Anzeichen einer sozialen und emotionalen Segmentation und der Ausbildung einer Art ethno-religiöser Sub-Nation gibt (S.177)
- Die Türken, die seit 45 Jahren in Deutschland leben, haben eine integrative Lebensweise. Aber die Integration ist langsamer passiert, als erwartet, denn in einigen Teilen Deutschlands haben die Türken sogar ethnische Enklaven gebildet (S.177)
- Das Verhalten der Deutschen gegenüber der Migranten ist nicht mehr abweisend, sondern neutral (S.177)
- Nach wie vor arbeiten die Türken auf schlechten Positionen, was die Folge von schlechter Bildung ist. (S.178)
- Es gibt Unterschiede unterhalb der Migranten, zwischen erster und zweiter Generation (bessere Bildung, bessere Deutschkenntnisse etc.) (S.178)
- Einerseits Unzufriedenheit bzgl. schlechter Jobs und Segmentierungstendenzen, andererseits immer mehr Türken, die die deutsche Staatsbürgerschaft annehmen (S.179).
- Im Vergleich zu anderen Nationen, verbringen die türkischen Jugendlichen ihre Freizeit am liebsten mit Landsleute. (S.179)
- Obwohl 70% der Türken angaben für immer in Deutschland bleiben zu wollen, benutzen nur 20% der Türken die deutsche Sprache überwiegend als Umgangssprache (S.179)

31

- Koranschulen verzeichnen einen starken Zulauf, gerade bei jungen Leuten, die nach Identität und Halt suchen. Aus diesem Umfeld kristallisieren sich Jugendgangs heraus, die ein Problem sind (S.180)
- Eine deutsche Heimatverbundenheit wird in Deutschland generell am wenigsten unter den türkischen Migranten festgestellt (S.180)
- Die Bemühungen von staatlicher Seite die Türken zu integrieren, werden als halbherzig eingeschätzt, andererseits sind die Integrationsbemühungen der Einwanderer höchst unterschiedlich, wichtig sind diesbezüglich die Bleibeabsichten, manchmal findet Integration nur soweit, wie erforderlich statt, also in Schule, bei der Arbeit und in der Nachbarschaft (S.181)
- Migrantenkinder sollten verpflichtend in den Kindergarten gehen, wo Sprachkurse anzubieten sind. Schulen mit hoher Ausländerdichte pro Klasse sollten das Verhältnis durch Schüleraustausch mit anderen Stadtgebieten ausgleichen (S.182)
- bei vielen Deutschtürken gibt es kein entweder oder, sondern ein Interesse, sich in Deutschland einzubringen, aber die ethnische Identität dabei nicht ganz aufzugeben (S.182)
- Insgesamt ist die bisherige Integration der Türken als gering einzuschätzen (S.183)
- Die Arbeitslosenquote der türkischen Bevölkerung ist mehr als doppelt so hoch, wie die der deutschen. (S.183)

Esser: Multikulturelle Gesellschaft als Alternative zu Isolation und Assimilation
- die Deutschen haben eine besondere Hypothek hinsichtlich der Auseinandersetzung mit Fremden und die Auseinandersetzung mit fremdkulturellen Elementen setzte in Deutschland erst spät und überhastet ein (S.25)
- Patentlösung, die postuliert wird: Die Bundesrepublik als "multikulturelle Gesellschaft", in der jede Gruppe ihren eigenen Platz unter Erhalt der kulturelle Eigenständigkeit haben sollte (S.26)
- als angenommen wurde, dass die Wanderarbeiter wieder in ihre Heimat zurückkehren, störte es niemanden, dass sich die Arbeiter nur partiell anpasste (S.26)
- Integration auf Zeit: Für die Dauer des - immer noch als vorübergehend angenommenen -Aufenthalts sollte eine gewisse Eingliederung erfolgen können,

wobei jedoch immer noch die Option auf Rückkehr und deren Förderung erhalten bleiben sollte (S.27), solche Konzepte erhalten viel Unsicherheiten für das gesellschaftliche Verhalten (S.27)

- Das Konzept der Integration auf Zeit ist unhaltbar, deshalb gibt es zwei neue Positionen: vollständige Angleichung bzw. Assimilation und Isolation der Ausländer (S.28)

- Gegen Assimilation kann man sein, weil man den ethnischen Gruppen ihre kulturelle Eigenständigkeit zugestehen will. Man kann aber auch dagegen sein, weil man die Gruppen nicht für assimilationswürdig hält. Solche ethnozentrischen Vorstellungen verkleiden sich manchmal hinter einer Forderung nach dem Recht auf kulturelle Eigenständigkeit (S.28/29)

- Gegen ethnische Kolonien kann man sein, weil man in der "Ghettoisierung" die Gefahr der gesellschaftlichen Abkapselung und Isolation sieht (S.29)

- Assimilation und Integration: Eine Form des Zusammenlebens unter Aufgabe ethnischer Eigenständigkeit (S.30)

- Assimilation ohne Integration: das Zerbrechen einer kulturell homogenen Gesellschaft (z.B. in Klassenkämpfen) (S.30)

- Dissimilation ohne Integration: Zustand des Konflikts rivalisierender ethnischer Gruppen (S.30)

- Integration, aber keine Assimilation: eine multikulturelle Gesellschaft (jede Gruppe behält ihre Eigenständigkeit, lebt aber in einem gleichen kulturellen, wirtschaftlichen und politischen Rahmen (S.30)

–> Gefahr von ethnischer Schichtung und ethnischer Segmentation (S.31)

- die Diskussionen über die multikulturelle Gesellschaft kranken an den bis heute geltenden Rahmenbedingungen des Aufenthalts der Ausländer und den bereits vorausgegangenen Prozessen der an ethnischen Kriterien orientierten Ungleichheit in struktureller und rechtlicher Hinsicht (S.32)

- Man kann durchaus unter gewissen Umständen davon sprechen, dass ethnische Kolonien die Integration von Minderheiten dadurch fördern, dass sie den Erhalt des Selbstbewusstseins, des ethnischen Selbstbewusstseins stärken (S.33)

- eine wichtige Bedingung für die stabile Existenz einer multikulturellen Gesellschaft: die Einwanderer müssen sich zumindest mit Teilbereichen der neuen Gesellschaft auseinandersetzen (S.33)

- man beobachtet regelmäßig, dass ethnische Gruppen in der Emigration religiöse Betätigungen und Sektenbildungen verstärken und kulturelle Eigenarten betonen, die im Herkunftsland längst ein Anzeichen von Rückständigkeit im Verschwinden begriffen sind (S.34)

- Ethnische Zugehörigkeiten sind Resultate kollektiver Definitionen einer gemeinsamen Abkunft. Diese Definitionen fallen bei der gleichen Gruppe - je nach "gemeinsamen Schicksal" - höchst unterschiedlich aus und orientierten sich keineswegs regelmäßig oder gar immer an irgendwelchen "objektiven" Anhaltspunkten. (S.35)

- Norbert Wiley (ethnic mobility trap): Die These, es gebe in jeder Gesellschaft, auch in einer multikulturellen Gesellschaft, eine sogenannte Kernkultur, innerhalb derer nur der Zugang zu den gesellschaftlichen Ressourcen möglich sei. In Deutschland wäre das die Mittelschichtenkultur. (S.35/36)

- Zusammenfassung: Multikulturelle Gesellschaft bedeutet zunächst Integration ohne Assimilation. Sie bedeutet dann weiter das Fehlen ethnischer Schichtungen und ethnischer Segmentationen. Unter den meist in Migrationssituationen vorhandenen Bedingungen sind die Gefahren der wechselseitigen Verstärkung ethnischer Absonderungen, die dann die Entstehung ethnischer Schichtungen begünstigen, sehr hoch. Die Beseitigung der strukturellen und rechtlich-politischen Ungleichheiten zwischen Einheimischen und ethnischen Gruppen wäre somit eine erste notwendige, aber noch nicht hinreichende Bedingung der Schaffung einer multikulturellen Gesellschaft, die diesen Namen verdient. Alle Bemühungen etwa zu interkulturellen Begegnungen müssen ihr Ziel verfehlen, solange die strukturelle Basis der multikulturellen Gesellschaft nicht gegeben ist. Allerdings: Sofern es diese Basis gäbe, wären diese Bemühungen umso dringlicher; denn wie man weiß, lassen sich durch Gesetze zwar Grundlagen schaffen und Barrieren prinzipieller Art beseitigen, nicht aber die gewachsenen Distanzen und Vorbehalte ausräumen. Auf diesem Feld gäbe es ein weites Feld von Arbeit (S.36/37)

- Die BRD ist auf dem Weg zu einer ethnisch geschichteten und teilweise segmentierten Gesellschaft. Aber die jetzt erforderlichen Korrekturen in der Ausländerpolitik sind so unwahrscheinlich, dass viel Hoffnung auf eine andere Entwicklung nicht bleibt (S.37/38)

Michael Windzio/Johannes Huinink: Migration, regionale Entwicklung und die Integration von Zuwanderern - Eine kurze Einführung
- Migrationsforschung untersucht die Ursachen für Wanderungsströme (S.9)
- in der neueren Migrationsforschung werden auch neuere Formen untersucht, wie beispielsweise transnationale Wanderungsaktivitäten (S.9)
Definition Assimilation: der Grad der Angleichung zwischen Migranten und Einheimischen hinsichtlich eines spezifischen Sets von Dimensionen (Esser, S.9)
- Assimilation findet zunächst auf der Ebene der kulturellen Fertigkeiten und der Sprache statt, was man auch als Akkulturation bezeichnet. Akkulturation ist die Voraussetzung dafür, dass Migranten im Bildungssystem des Aufnahmelandes erfolgreich sind und die erforderlichen Zertifikate errichten, um auf dem Arbeitsmarkt erfolgreich zu sein (S.9)
- soziale Assimilation: wenn sich die Zusammensetzung der Freundeskreise von Einheimischen und Migranten nicht mehr unterscheidet (S.10)
- identifikatorische Assimilation: Übernahme von Symbolen, Werten und Normen (S.10)
- gegenwärtig sind für Deutschland keine nennenswerten Gewinne durch Zuwanderung zu verzeichnen (S.13)
- in 50 Jahren wird ein Drittel der deutschen Bevölkerung einen Migrationshintergrund haben, während die Bevölkerung auf 65-70 Mio Menschen gesunken sein wird (S.14)
- von den einheimischen Kindern, sind 8,1% von Arbeitslosigkeit oder Sozialhilfebezug betroffen, bei türkischen Schülern 23,3% und bei russischen unter die die Spätaussiedler fallen, sogar 28,8% (S.15)
- 48,3% der türkischen Jugendlichen gaben an zu Hause über kein eigenes Zimmer zu verfügen, bei einheimischen Deutschen sind das nur 5,6% (S.15)

- die Benachteiligung von Migranten im deutschen Schulsystem ist eklatant ausgeprägt (S.16)
- die strukturelle Assimilation erfolgt in Deutschland nicht reibungslos (S.17)
- Überlegungen Einwanderungen an Punktesystem zu richten, damit qualifiziertere Einwanderer kommen; politisch ist das aber nicht unumstritten (S.17)

Hartmut Häussermann;: Behindern Migrantenviertel die Integration?
- in Bezug auf Migranten wird oft von einer mentalen und räumlichen Abschottung gesprochen (S.59)
- Vorstellung der Parallelwelten: Migranten bewegen sich nur innerhalb ihrer eigenen ethnischen Kontakte, das zieht Sprachprobleme nach sich und das widerum Probleme im Bildungssystem und auf dem Arbeitsmarkt (S.59)
- Kontexteffekte: Migranten in gleicher sozialer Lage haben im Schnitt fünf Einheimische in ihrem Freundeskreis, Migranten, die in ethnsichen Kolonien wohnen einen oder gar keinen (S.60)
- Oberwittler hat rausgefunden, dass vor allem männliche Jugendliche, die die Hauptschule besuchen zu Gewalt neigen, aber nur, wenn sie ihre Kontakte innerhalb des eigenen Stadtviertels knüpfen und einer action-orientierten Freizeitbeschäftigung nachgehen (S.60)
- Migranten sagen, dass das Wohnen in einer ethnisch geprägten Nachbarschaft ihre Bemühungen nicht erhöht, die Herkunftskultur zu bewahren (S.61)
- Türken mit einem höheren beruflichen Status ziehen aus ihrem Wohngebiet weg. Der Befund stimmt mit den Integrationsmodellen der Chicagoer Schule überein, nach der soziale Mobilität mit räumlicher Mobilität gekoppelt ist (S.61)
- Verhindern ethnische Kolonien Kontakte zu Einheimischen? Nein. Vermittelt die räumliche Konzentration abweichende Werte? Nein. Bewahren Bewohner von ethnischen Kolonien stärker ihre Herkunftskultur? Nein. Vermeiden Migranten den Wegzug aus den ethnischen Kolonien, ist also Segregation freiwillig? Nein. (S.61)
- Soziale Mischung in einem Quartier bewirkt nicht automatisch interethnische Kontakte, sie fördert u.a. evtl sogar Konflikte. Räumliche Nähe ist nicht gleich soziale Nähe (S.62)

- Ob es in Deutschland eine so starke Segregation gibt, dass von ethnischen Kolonien gesprochen werden kann, ist noch nicht hinreichend empirisch untersucht (S.62)
- Nur ganz selten bildet in Deutschland in einem Gebiet eine ethnische Minderheit die Mehrheit der Bevölkerung (S.63)
- Die stärkste Segregation und eigenethnische Konzentration weisen Migranten bei niedrigem Bildungsgrad, geringem Einkommen und prekärer beruflicher Situation auf
- in einer Situation also, in der sie auf den Beistand ihrer großen verwandtschaftlichen Netze angewiesen sind, die sie in der Nachbarschaft besitzen (S.63)
- 2006 erreichten in Deutschland mehr als 50% der ausländischen Schüler keinen oder nur einen Hauptschulabschluss, wenn dies mit mangelnden Sprachkompetenzen einhergeht, bedeutet das eine kollektive Benachteiligung (S.64)
- Fazit: Bei der Klage über die Gefahren der ethnischen Segregation bzw. der ethnischen Segregation als Interaktionshemmnis handelt es sich weniger um ein ethnisches, als um ein soziales Problem (S.64)

Bernhard Schäfers: Integration in die Stadtgesellschaft
- Definition Integration: Ein Grundbegriff der Soziologie, der strukturell und prozessual zu verstehen ist. Strukturell ist ein soziales Gebilde (z.B. Familie) als integriert zu bezeichnen, wenn seine Mitglieder volle Akzeptanz haben, sich auch zugehörig fühlen und eine Einheit bilden. Prozessual ist Integration ein prinzipiell dauerhafter Vorgang, in dem der Sozialverband und alle Mitglieder sich um Akzeptanz und ein Wir-Bewusstsein bemühen müssen, um den Zustand der Integration zu erhalten bzw. zu verbessern. (S.170)
- Durkheim führte für die Mechanismen der Integration in ein gesellschaftliches System den Begriff der Solidarität ein. (S.170)
- Integration setzt ein bestimmtes Maß an Identität mit der Stadt voraus. Dieser vielschichtige Begriff meint im Kern Zustimmung (S.171)
- Die Integration von Fremden ist ein wesentliches Element der Stadtentwicklung: im 17.Jhd wurden in vielen Ländern und Städten Deutschlands Religionsflüchtlinge und andere Fremde gerufen, um die durch den Dreißigjährigen Krieg angerichteten

Verwüstungen beseitigen zu helfen und Gewerbe und Handel wieder zu beleben (S.173)

- Das Ruhrgebiet als Sonderfall: schon vor dem ersten Weltkrieg zogen viele Polen zu, die gemeinsamen religiösen (katholischen) Wurzeln hatten eine enorme Integrationskraft, auch der Fußball erwies sich als Integrationsförderer, z.b. Schalke und Dortmund (S.174)

- ein Sonderfall ist die Integration/Nichtintegration der Juden, beginnend nach der Vernichtung des jüdischen Staates durch Titus (71 n. Chr.) (S.174)

- der Name Ghetto ist erstmals für ein jüdisches Stadtviertel in Venedig im Jahr 1531 belegt, heute wurde der Begriff verallgemeinert und meint die Wohn- und Lebenssituation in stark benachteiligten Vierteln, in denen Menschen bestimmter Herkunft oder Hautfarbe, Religion oder Staatsangehörigkeit leben (S.175)

- Georg Simmel: Soziologie des Fremden (S.175)

- Robert E. Park marginal man, eine Randpersönlichkeit, die zwischen zwei Kulturen steht, er findet Nischen und nutzt diese für Innovationen (S.175)

- Alfred Schütz: thematisiert die Unvereinbarkeit der Kulturen (S.175)

- in Deutschland leben 7.2 Mio Ausländer und 8,1 Mio Deutsche mit Migrationshintergrund, das sind 19% der Gesamtbevölkerung (S.176)

- Assimilation (Ähnlichmachen) und Akkulturation sind wichtige Begriffe, Akkulturation meint, dass eigenen ursprünglichen Verhaltensmuster an Bedeutung verlieren und eine vollständige Integration und Lebensweise des Aufnahmelandes stattfindet (Esser, S.178)

- in letzter Zeit ist zu beobachten, dass nicht die vollständige Assimilation angestrebt wird, sondern die Distanz zum Aufnahmeland bewusst aufrecht erhalten wird (S.178)

- Die Zeit der Arbeitsmigranten ist längst vorbei (S.178)

- Problem: islamische Migranten versuchen oft ein rückgängig machen der Moderne (Stichwort Kopftücher) (S.179)

- in den letzten Jahren war eine rasch voranschreitende Islamisierung der Fall, die zur einer Segregation in ihren negativen Effekten führte und zum nachlassenden Integrationswillen in die Stadtgesellschaft (S.180)

- der Begriff Soziale Stadt ist eine Bezeichnung für eine Initiative von Bund, Ländern und Gemeinden, um an besonderen Brennpunkten in einzelnen Stadtquartieren negative Tendenzen und Ghettoisierungen zu verhindern (S.182)
- Ziel von Soziale Stadt: ein Auseinanderdriften der Stadtteile soll vermieden werden, Verhinderung von No-Go-Quartieren (S.183)

Norbert Gestring: Kommunale Konzepte zur Integration von Migranten
- mit der Verabschiedung des Zuwanderungsgesetzes (2005) und des Nationalen Integrationsplans (2007) hat sich die Aufmerksamkeit für die Notwendigkeit einer Integrationspolitik und ihre Bedeutung auf lokaler Ebene erhöht (S.257)
- Definition Migrant: Damit werden Männer und Frauen, Jungen und Mädchen bezeichnet, die selbst, oder deren Eltern im Ausland geboren wurden und nach Deutschland eingewandert sind (S.258)
- Die Eingliederung von Individuen oder Gruppen in eine Gesellschaft wird als Sozialintegration bezeichnet, Integration ist ein Prozess der Zeit braucht und oft über mehrere Generationen verläuft, Integration ist ein zweiseitiger Prozess und ist nicht nur von den Migranten selbst abhängig, sondern auch von den sozialen und ökonomischen Bedingungen im Aufnahmeland, man wird nicht in die Gesellschaft integriert, sondern in die verschiedenen Teilsysteme (S.260)
- entgegen des Mainstream, der besagt, dass Segregation grundsätzlich nicht förderlich für die Integration ist, sollten Konzepte erarbeitet werden, die Integration trotz Segregation möglich machen (S.262)
- Partizipation von Migranten in der Politik wird oft als Ziel ausgegeben (S.263)
- Handlungsfelder: Schulische und vorschulische Bildung muss verbessert werden und Sprachkenntnisse gefördert werden, die Chancen von Jugendlichen auf dem Erwerbsmarkt müssen erhöht werden, bei der Wohnsituation müssen benachteiligte Quartiere stabilisiert werden (S.264/265)
- einerseits sollen mehr Migranten in der Stadtverwaltung angestellt werden um Diskriminierungen abzubauen, aber gleichzeitig gibt es einen Mentoren für die Migranten, was wieder eine Diskriminierung gleich ist (S.266/267)
- in der Politik wird Segregation als negativ für die Integration bewertet und zu verhindern gesucht (S.267)

- in der Politik wird das Integrationsproblem einseitig an den Migranten festgemacht und sich nicht integrieren wollen (die deutsche Sprache nicht lernen etc.) (S.268)
- aus der empirischen Forschung ist bekannt, dass der Anteil segregierter Viertel in Deutschland gering ist und nicht belegt ist, ob Desintegration davon ausgeht, sondern vielmehr von Sozialbeziehungen abhängen (S.268)
- Ursache des niedrigen Bildungsniveaus von Migrantenkindern ist die sehr frühe Entscheidung über die Schullaufbahn (nach der vierten Klasse) (S.270)
- Widerspruch: Die Kommunen werden als wichtige Orte der Integration gesehen, doch ihnen wird das notwendige Geld für Bildungseinrichtungen etc. verweigert (S.270)

Ludger Pries: Migration und transnationale Ökonomie als Herausforderung und Chance

- Definition Transnationalisierung: Die Verdichtung und Verstetigung pluri-lokaler grenzüberschreitender Sozialräume der alltäglichen Lebenswelt, von Profit- und Non-Profit-Organisationen sowie von sozialen Institutionen (S.½)
- Migrationsbewegungen sind keine Einbahnstraßen (S.2)
- nach den Auswanderungsbewegungen im Zuge der Industrialisierung immigrierten ca ein Drittel in die Herkunftsregion zurück (S.2)
- besondere Migrationsdynamik des 21. Jhd. ist möglich durch neue Kommunikations- und Transportmöglichkeiten (S.3)
- Migrationsbewegungen werden immer komplexer und entsprechen immer weniger dem Bild von Auswanderung, Einwanderung und Rückwanderung (S.3)
- bei transnationaler Migration spannen sich die Lebenspraxis und die Artefaktewelt der Transmigranten als ihre Sozialwelten zwischen Wohnorten bzw. geographischen Räumen über verschiedene Länder auf, Artefakte der transnationalen Sozialräume können technische Kommunikationsmedien wie Telefon, Fax oder Internet-Cafes sein (S.4), deshalb gibt es auch in Entwicklungsländern modernste Technik, nämlich um mit den Verwandten in den anderen Ländern in Kontakt zu bleiben (S.4)
- Transnationale Migration bringt neue Symbolsysteme heraus: Migrantenmusik wie Manu Chao oder deutsch-türkische Migration, sie nehmen die Elemente der

Herkunfts- und Ankunftsregion auf und vermischen sie mit etwas Eigenem und Neuem (S.4)

- Transnationale Haushaltökonomien sind komplexer als die traditionellen und umfassen fast immer auch Verwandte weiteren Grades und andere Personengruppen (wie Patenkinder oder Fremde) (S.5)

- in den 70er Jahren hat die Zahl der Geldrücküberweisungen aus Migration zugenommen, sie hat sich in 30 Jahren verzehnfacht, obwohl sich die Zahl der Migranten nur verdoppelt hat (S.5/6)

- neben der marktlichen Handlungsmaxime der individuellen Nutzenmaximierung sind die Prinzipien von Solidarität und Vertrauen im Rahmen personaler Netzwerke, von guter Arbeit und Professionalität im Rahmen berufsfachlicher Kooperationsbeziehungen, von eigener Regelsetzung im Rahmen der Organisationen und demokratischer Legitimation im Rahmen öffentlicher Regime schon heute alltäglich gelebte Bestandteile des gesellschaftlichen Internationalisierungsprozesses (S.9)

Pries: Migration und Integration in Zeiten der Transnationalisierung oder: Warum braucht Deutschland eine "Kulturrevolution"?

- Transmigration lässt sich als ein bedeutsamer werdender Idealtypus internationaler Wanderungsbewegungen verstehen, bei dem der Wechsel zwischen Orten in verschiedenen Nationalgesellschaften keine einmalige bzw vorübergehende Ausnahmeerscheinung, sondern wiederkehrender Bestandteil von (Über-) Lebensstrategien ist (S.1)

- rassistische Fremdwahrnehmungen sind teilweise tief in der deutschen Gesellscaft verwurzelt (S.2)

- die französischen Nord-Afrika-Beziehungen trugen im Wesentlichen dazu bei, dass Migration mehr zur Alltagsnormalität geworden ist, als in Deutschland (S.3)

- Pries: es ist unverständlich, dass man davon ausgig, die Arbeitsmigranten würden nur vorübergehend in Deutschland und ihr Aufenthalt politisch steuerbar wie das Füllen und Leeren eines Wassereimers (S.3)

- nach dem Anwerbestopp 1973 und der Familienzusammenführung in den 80er Jahren wurde das Problem als gelöst angesehen (S.3)

- In der migrationswissenschaftlichen Forschung gibt es in Deutschland einen enormen Nachholbedarf (S.4)
- Unter Emigration/Immigration wird normalerweise der definitive Wechsel aus einem Herkunftsland bzw. einer spezifischen Herkunftsregion in eine neue Ankunftsgesellschaft bezeichnet (S.5)
- die USA, Australien, Argentinien und Brasilien sind klassische Einwanderungsländer (S.5)
- Ein sehr großer Teil der Gastarbeiter wurde zu Immigranten (S.6)
- Die Migrationsforschung beschäftigte sich vor allem mit Immigranten (1. Form) und Rückkehrer oder Re-Migranten (2. Form) (S.6)
- Diaspora-Migration: Die Wanderung ist in erster Linie religiös, der Diaspora-Migrant richtet sich physisch-räumlich und vielleicht auch wirtschaftlich, aber nur bis zu einem gewissen Grade sozial auf die Ankunftsgesellschaft ein (S.6)
- vierter Idealtypus ist die Transmigration: der Wechsel zwischen verschiedenen Lebensorten in unterschiedlichen Ländern ist für sie kein singulärer Vorgang, sondern ein Normalzustand (S.6/7)
- Die Untersuchung zur Transmigration entwickelte sich vor allem im letzten Jahrzehnt des 20. Jahrhunderts (S.7)
- Während klassische Migrationsforschung in der Regel auf einer Mikroebene (individueller Akteure oder Haushalte) oder eien Makroebene (massenstatistische Datenanalysen) und auf die Herkunftsregionen oder die Ankunftsregionen fokussiert war, konzentrieren sich neue Migrationsstudien auf "Zwischenlagen", auf eine Meso-Analyseebene und auf Bewegungen und Sozialräume zwischen bzw. oberhalb der Herkunfts- oder Ankunftsregion (S.8)
- in transnationalen Sozialräumen bilden sich neue sozialkulturelle Muster und Formen der Vergesellschaftung heraus, die Elemente der Ankunfts- und Herkunftsregion beinhalten (S.8)
- Transmigration bedeutet keineswegs, dass die klassischen Formen und Folgen von Wanderungsprozessen, also die Rückkehr in die Herkunftsregion, die dauerhafte Integration in der Ankunftsregion und die Herausbildung von Diaspora-Netzwerken, asl empirische Phänomene, als Forschungsgegenstände und als Felder von Sozialpolitik obsolet würden (S.9)

- bei größer werdenden sozial-kultureller Vielfalt müssen die verbleibenden Einheit stiftenden und sozialen Zusammenhalt ermöglichenden Gemeinsamkeiten (hinsichtlicht z.b. Menschenrechten, Mindestlebensstandards, Sprachen etc.) um so schärfer profiliert werden (S.10)

Klaus Heinemann: Sport und Integration

- 1983 veröffentlichte der Deutsche Sport-Bund, dass Sport eine ideale Möglichkeit der Integration sei, denn "Der Sport spricht alle Sprachen.": Er ermöglicht einen zwanglosen Umgang der Einheimischen und der Ausländer, das Gefühl der Fremdheit abzubauen, helfe soziale Barrieren abzubauen und wirke damit dem Auseinanderfallen einer Gesellschaft entgegen. Seit 1988 finanziert der DSB ein Sportprogramm zur Integration von Ausländern. (S.204)

- Def. Außenintegration: Anerkennung der Rechtsordnung des neuen Landes, Annahme der sozialen Eigenheiten eines Landes, den Immigranten den uneingeschränkten Zugang zu gesellschaftlichen Positionen ermöglichen, Kontakt der Einheimischen und der Immigranten, Erlernen der Sprache (S.205)

- Def. Binnenintegration: Prozesse der oft räumlichen Segregation, in denen sich ethnische Kolonien mit hohem subkulturellen Eigenleben und zugleich deutlicher Abgrenzung gegenüber der aufnehmenden Gesellschaft (S.205)

- Die Ausdifferenzierung der Begriffe Integration und Immigranten zeigt, dass keinesfalls generell davon gesprochen werden kann, "der" Sport fördere "die" Integration "der" Immigranten. Violmehr muss differenziert werden, welche der genannten Dimensionen einer Integration gemeint ist und in welcher dieser Dimensionen der Sport u.U. hilfreich für welche Gruppen von Immigranten sein kann und von welchem Sport dabei gesprochen wird. (S.206)

- Wen der Sport integrieren soll, der muss im Sport integriert sein. Es machen aber hauptsächlich nur männliche Migranten Sport und dann nur innerhalb ihrer Ethnie, organisiert sind nur zwischen 5 und 10% der Ausländer, bei den deutschen sind es 30% (S.206)

- Mitglieder der unteren Sozialschichten treiben in der Regel weniger Sport, als Mitfieder der mittleren und oberen Schichten (S.206)

43

- viele haben nur ein begrenztes Aufenthaltsrecht und sehen im Sporttreiben keine Zukunft (S.207)

- Im Islam verbieten ethnische Werte und Normen ein gemeinsames Sporttreiben von Männern und Frauen (S.208)

- fundamentalistische Gruppen arbeiten gegen die Sportvereine, indem sie generell gegen westliche Angebote propagieren und ein ethnisch-religiös geprägtes Freizeitangebot stellen (S.208)

- Sportangebote in Deutschland berücksichtigen zu wenig die Lebenssituation und die Bedürfnisse der Immigranten, bedenken nicht ihre spezifischen Körperbilder und Wertgrundlagen, nehmen zu wenig Rücksicht auf die religiösen Befindlichkeiten; sie sind daher auch nicht repräsentativ für deren Sprache und Kultur und ermöglichen insofern auch keine angemessene Beteiligung von Immigranten an der Vereinsarbeit (S.208)

- es gibt nur wenige Untersuchungen zur integrativen Wirkung von Sport. Frogner (1984) kommt zu dem Schluss, dass weder die wirtschaftliche Situation noch die Zufriedenheit der Lebenssituation durch den Sport beeinflusst werden, aber eine Steigerung der sozialen Kontakte zu beobachten war (S.209)

- Selbst wenn man empirisch feststellen kann, dass Immigranten, die Sport treiben, besser in einigen aufgeführten Dimensionen integriert sind als die sportlich nicht aktiven Immigranten, kann daraus noch nicht zwingend geschlossen werden, diese bessere Integration sei Ergebnis der positiven Wirkung des Sports, denn es ist nicht feststellbar, ob die in einem Sportverein mitwirkenden nicht schon in einem hohen Maße integriert waren (S.209)

- Binnenintegration: ethnische Vereine, bieten Heimat auf Zeit, werden aber seit den 90er Jahren und damit verbundener Ghettobildung als Hemmschuh der sozialen Integration gesehen (S.210)

- Da Identität sowohl wesentlicher Kristallisationspunkt für Einstellungen und Handeln ist und zugleich wichtiger Indikator für Integration ist, sollte man der Frage, inwieweit Sport diese Identitätsbildung mit beeinflusst, ebenfalls Beachtung schenken, grundsätzlich kann man sagen, dass der Sport eine identitätsbildende Kraft besitzen kann (S.211)

- Es ist leichtfertig von "der" Integration "der" Immigration durch "den" Sport zu sprechen, wie dies gelegentlich geschieht. Integration enthält viele Facetten, Immigranten sind keine in sich homogene Gruppe, und Sport besitzt so vielfältige Gestaltungsformen, dass eine einheitliche Wirkung nicht unterstellt und empirisch auch nicht nachgewiesen werden kann. Vermutlich wird aber auch durch Sport eher eine nur bedingt erwünschte Binnenintegration als eine Integration in die aufnehmende Gesellschaft erreicht werden können (S.212)

Hans-Georg Soeffner/ Darius Zifonum: Fußballwelt: Die Ordnung ethnischer Beziehungen

- Das gemeinsame Fußballspiel schafft durch seine Kooperations- und Regelbindungsdimension strukturell bereits ein Minimum an Integration in den gemeinsamen Spielbetrieb und an die grundlegenden Regeln des Spiels. Durch seine Konfliktdimension ermöglicht es aber auch eine über den Körper des Sportlers vermittelte "symbolische Darstellung sozialer Differenzen" (S.136)
- zahlreiche Studien, die sich mit Fußball und Interaktion in Deutschland beschäftigen (S.136)
- Bröskamp/Gebauer (1986): haben eine Reihe von kulturell bedingten Differenzen zwischen türkischen und deutschen Sportlern ausgemacht; Beispiele sind unterschiedliche Bewertungen von Stolz und Härte und die Bedeutung von Ehre für das Sportverhalten (S.136)
- Klein (1998): Ausländer machen weniger als 1% der Mitglieder im Sportverein aus, außerdem stellt er einen Prozess der Reethnisierung fest (S.137)
- Heckmann (1998) sieht in der Entstehung von ethnischen Sportvereinen ein Zeichen der Desintegration bzw. Binnenintegration im Bereich Sport (S.137)
- Untersuchung in Mannheim: Ausländeranteil: 20,5%, davon 34% Türken, von 115 Mannschaften, 14 ethnische (S.139)
- Ethnischer Verein: FC Hochstätt Türkspor: 1993 von Einwanderern der ersten Generation gegründet, höflicher Umgangston, Heiratsmarkt, Möglichkeit des Prestigeerwerbs und der Statusaufwertung, türkische Mainstreamkultur durchzogen von den in Deutschland erworbenen Deutungs- und Handlungsmustern der Fußballwelt, Interaktion mit dem Verband verläuft in geregelten Bahnen, kein reiner

Fußballverein, Sozialisation junger türkischer Männer, Gemeindebildung in der Fremde, lokale Verortung in der Mannheimer Gesellschaft, Integration im Sinne der Binnenintegration, Politik und Religion werden nicht thematisiert und Streitigkeiten unterbunden (S.143/144)

- Städtischer gemischter Verein SpVgg Sandhofen 03: einige türkische Spieler, Dominanz der Fußballkultur, Migranten ist es möglich in der Mannschaftshierarchie hohe Positionen einzunehmen, "unser Türke", "du bist anders als die anderen Türken", Zwang zur Teilhabe an deutschen Praktiken, deutsche Formen der Geselligkeit (Stammtisch, Alkoholkonsum..), der man sich nicht entziehen kann, Migranten haben keine Position in der Vereinsorganisation gewinnen können (S.144/145)

-Ländlich gemischter Verein SG Hohensachsen: Handball wichtiger als Fußball, Verein ist Rückzugsraum vor Neubürgern und Stadtbewohnern, die als Eindringlinge und Bedrohung erfahren werden, aggressive Spielweise, ortsansässige Migranten werden aufgenommen, ansonsten: rassistische Abwehr von Migranten (S.145/146)

- Schiedsrichter: weder viele Frauen, noch männliche Migranten, sind oft selbst Verursacher von Konflikten (S.146/147)

- Schulsport: Schüler tragen internationale Trikots aktueller Fußballikonen, Dämpfung des Konfliktpotentials, Hänseleien und Beschimpfungen nur selten aufgrund von ethnischer Zugehörigkeit (S.147)

- Integrationsvorstellungen der Dachverbände DSB und DFB: scheut Zusammenarbeit mit der Politik, ist aber auf Unterstützung aus Politik angewiesen, DSB: Integration stellt einen wesentlichen Aspekt des Sports dar, Aussagen teilweise diffus, Spannungen zwischen sogenannten Problemgruppen soll abgebaut werden und Verständnis füreinander gefördert werden, es fehlt an schlüssigen Aussagen zum Integrationsmodus und gibt kaum handlungsrelevante Vorgaben für die Ebene des Vereinssports (S.147/148)

- Integrationskonzepte der Landesebene: stärkerer Praxisbezug (S.148/149)

- Integrationspolitik auf lokaler Ebene: Probleme, denn unterschiedliche Interessen der Akteure, Ablehnung ethnischer Selbstorganisation, Handlungslogik der Akteure zielt auf eine Integration in den Sport und die symbolische Integration des Milieus, nicht auf Integration durch Sport in die Gesellschaft (S.149)

- Trainer von Hochstätt weist immer wieder darauf hin, dass sie stolz, geschlossen und selbstbewusst auftreten sollen und eine Verantwortung dafür haben, wie Türken in Deutschland wahrgenommen werden (S.153)
- Mannheimer Fußballmilieu zeichnet sich durch ein niedriges Niveau expressiver Gewalt aus, ausgiebiges Harmoniebestreben, gerade in innerethischen Beziehungen, verbandliche Akteure sehen individuelle Assimilation in Regelvereine als Königsweg der Integration an (S.157)
- Es gibt nicht die Integration, weil es nicht die Gesellschaft oder auch die Fußballwelt gibt (S.158)
- Schule: stillschweigende Integrationsarbeit wird von den betroffenen Jugendlichen weniger als Kontrolle und Bevormundung wahrgenommen und daher bereitwilliger akzeptiert (S.158)
- Schiedsrichterwesen ist ein bisher zu wenig genutztes Integrationspotential (S.159)
- geringe Integrationspotentiale bieten verbandliche und politische Integrationsinitiativen, denn sie sind kaum abgestimmt auf die Lebensbedingungen und Integrationsbedürfnisse der betroffenen Menschen (S.159)
- nicht friedlicher Wettbewerb und Integration, sondern Segregation und Fremdenfeindlichkeit kennzeichnen das Verhältnis von Deutschen und Einwanderern im Amateurfußball, insbesondere türkische Vereine gelten als ethnische Rückzugsräume und Abschottungsräume die desintegrativ wirken (S.160)
- Abschotten im ethnischen Verein geht nicht, weil man sich an ein deutsches Regelsystem halten muss etc., die Verantwortlichen im ethnischen Verein wissen, dass Fußball ein Kontaktmedium ist und wählen ihn deshalb für sich aus (S.160)
- Konflikte treten dann auf, wenn sich die Positionen angleichen und das scheint bei Einwanderern im Bereich Fußball der Fall zu sein (S.161)
Marie-Luise Klein/Jürgen Kothy: Die Bedeutung von Sportvereinen für Migrantenkinder und -jugendliche
- in der Presse gibt es immer mehr Berichte über abgebrochene Fußballspiele in den Amateurligen, oft Beteiligung von Migranten (S.159)
- oft werden rein ethnische Vereine als desintegrierend angesehen (S.159)

- DSB billigte die Gründung von ethnische Vereinen nur dort, wo ein hoher Prozentsatz ausländischer Mitbürger einen deutschen Verein überfremdet hätte (S.160, 1981)
- Organisationsgrad der ethnischen Minderheiten liegt bei höchstens 10%, in der Gesamtbevölkerung bei 30%, Bevölkerungsanteil von Migranten liegt bei 9%, Anteil von Sportvereinsmitgliedern bei unter 1%, Mädchen dagegen kaum in Sportvereinen organisiert, Männer einseitig auf Fußball eingeschossen (S.161)
- 500 der 20.000 Sportvereine in NRW sind welche ethnischer Minderheiten (S.161)
- mit der Volljährigkeit schließen sich viele jugendliche Migranten einem ethnischen Verein an (S.162)
- Heckmann sieht die ethnischen Vereine der Minderheiten nicht noch wie 1985, als wichtige pluralistische Alternative, sondern als ethnische Organisierung im Sport, wirkt gegen Integration (S.163)
- Kritik; mangelnde Gleichstellung der ethnischen Vereine (S.164)
- im Jugendalter sind 80-90% der Migranten in deutschen Vereinen organisiert, im Erwachsenenalter kehrt das Verhältnis um (S.165)
- Mitglieder von Migrantenvereinen sehen sich bei der Zuteilung von Sportanlagen benachteiligt, Funktionäre beklagen die Unzuverlässigkeit von Migranten (S.166)
- Vorwurf: bei identischen Vergehen würden nichtdeutsche Spieler vor den Spruchkammern härter bestraft (S.166)
- häufige Konfliktursache: Separierung der Migranten in eigenen Mannschaften und Vereinen (S.167)
- der sportliche Wettkampf ist oft durch die Konfliktform des sozialen Kampfs überlagert (S.168)
- Esser: Mit zunehmender Gleichheit steigt die Wahrscheinlichkeit der Konflikte eher, als das sie abnimmt (S.168), Nullsummenkonflikt: Was der eine gewinnt, verliert der andere, so können sie also nicht anders, als sich zu bekämpfen (S.169)
- Die Erwartung an ihre assimilative Integrationsbereitschaft, an einseitige Anpassungsleistungen unter Zurückstellung eigener kollektiver Identität und Symbolik, erscheinen ihnen zu weitreichend (S.171)

- Prinzipiell bietet das Modell der Einzelmitgliedschaft der Migranten im deutschen Fußballverein in Verbindung mit der Zugehörigkeit zu einer ethnisch gemischten Mannschaft die besten Chancen für eine gelingende Integration (S.172)
- Insbesondere im Seniorenbereich ist das Niveau der Integration besonders hoch (S.172)
- ausländische Jugendliche haben vor allem in den niedrigen Ligen mit Benachteiligungen zu kämpfen (S.172)
- Essers Prognose: Nach einigen Generationen assimilieren sich die Gruppen, wenngleich unterschiedlich rasch und unterschiedliche nachhaltig, fast allesamt (S.173)

Hans-Georg Soeffner/ Sighard Neckel: Integration und Desintegration
- Für Georg Simmel steht fest, dass Menschen nicht deshalb miteinander kommunizieren, weil sie sich verstehen, sondern weil sie sich nicht verstehen - wobei sie zwar hoffen, aber nicht sicher sein können, dass die Kommunikation erfolgreich sein und man sich am Ende verstehen wird. (S.235)
- Simmels Bild von der "Kreuzung sozialer Kreise": die Teilhabe an unterschiedlichen sozialen Kreisen zwingt den Individuen nicht lediglich äußere Rollen oder Etikettierungen auf, sondern spiegelt sich auch in den Verhältnissen und in der "inneren Kommunikation" wider, durch die sich das Individuum mit sich selbst verständigt, sein Selbstverständnis entwickelt (S.236)
- George Herbert Meads Identitätsrias von "I, me, self": Grundgedanke: die durch Interaktion entstandene soziale Relationierung ist in allen Formen der "Gesellung" (Simmel) bis hinein in ihr Basiselement, das Individuum nachweisbar, die Frage nach Integration geht also darum, ob es gelingt, die Überschneidung sozialer Kreise und die damit verbundenen Wechselwirkungen in sich selbst und im Austausch mit anderen in eine Balance zu bringen oder zumindest (über)lebensfähig zu gestalten (S.236)
- Simmel: der Fremde, der heute kommt und morgen bleibt, wird auch dann ein Element der jeweiligen Gesellschaft, wenn er sich nicht assimiliert (S.237)
- Alfred Schütz "Der Fremde", Luhmanns Formel von "Konsens durch Verfahren", Durkheim "gesellschaftliche Anomie" (S.237/238)

- Für moderne Gesellschaften gilt, dass in ihnen jedes einzelne ihrer Mitglieder die Chance hat, irgendwann einmal im Zentrum einer sozialen Welt zu stehen, oder aber sich "mittendrin im Abseits" wiederzufinden. Gesellschaftliche Wesen bleiben sie dennoch, selbst wenn sich ihre sozialen "Bindungen" in leere und damit nicht mehr lebenswerte Relationen auflösen (S.238)